Verhandlungen, Mitteilungen

und

Berichte

des

Centralverbandes Deutscher Industrieller.

№ 119.

Herausgegeben

von

H. A. Bueck, geschäftsführendem Mitglied im Direktorium,
Berlin W, Karlsbad 4a.

Telephon: Nr. 2527, Amt VI.

Juli 1910.

Berlin 1910.
J. Guttentag, Verlagsbuchhandlung,
G. m. b. H.

Inhaltsverzeichnis.

Centralverband Deutscher Industrieller.

Eingaben.

1.

Handelsbeziehungen zu Brasilien.

Eingabe an den **Reichskanzler.**

Berlin, den 8. März 1910.

Bezüglich der Handelsbeziehungen des Deutschen Reiches zu Brasilien beehrt sich das gehorsamst unterzeichnete Direktorium des Centralverbandes Deutscher Industrieller Euer Exzellenz die nachstehende Bitte zur hochgeneigten Berücksichtigung zu unterbreiten.

Laut Artikel 6 des brasilianischen Budget-Gesetzes für das Jahr 1904 soll die der brasilianischen Regierung erteilte Ermächtigung, einen Differenzialtarif für ein oder mehrere ausländische Erzeugnisse aufzustellen, in Kraft bleiben; „die Ermäßigung kann bis zu 20 vom Hundert betragen, sofern sie durch die den Waren brasilianischer Herkunft, wie Kaffee, gewährten Vorteile ausgeglichen ist".

In Artikel 18 des brasilianischen Budgetgesetzes für das Jahr 1906 ist die vorstehende Bestimmung über den Differenzialtarif wieder aufgenommen mit der Erweiterung, daß er sich auf folgende Gegenstände beziehen kann: Schreibmaschinen, Eisschränke, Klaviere, Wagen (zum Wiegen) und Windmühlen.

Auf Grund dieser Bestimmungen hat der Präsident der Vereinigten Staaten von Brasilien durch Dekret vom 30. Juni 1906 in der Absicht, die Handelsbeziehungen zwischen Brasilien und den Vereinigten Staaten von Amerika zu fördern und mit Rücksicht darauf, daß dieses Land der größte Abnehmer von Kaffee ist, „der auf seinen Handelsplätzen zollfreie Einfuhr genießt“, folgendes verfügt:

Während des Etatsjahres, also bis zum 31. Dezember 1906, sollen die nachstehenden Erzeugnisse der Vereinigten Staaten von Amerika, die in Brasilien eingeführt werden, eine Vergünstigung von 20 vom Hundert auf die Einfuhrzölle in Brasilien genießen: Weizenmehl, kondensierte Milch, Kautschukwaren der Tarifnummer 1033, Uhren, Farben der Tarifnummer 173, ausgenommen Schreibtinten, Lacke, Schreibmaschinen, Eiskasten, Klaviere, Wagen und Windmühlen.

Dieses Dekret ist während der folgenden Etatsjahre bis zum 31. Dezember 1909 unverändert verlängert worden. Durch Verordnung vom 16. Januar dieses Jahres ist dieses Dekret für das laufende Etatsjahr weiter verlängert und außerdem diese Zollermäßigung von 20 vom Hundert für die Einfuhr aus den Vereinigten Staaten von Amerika noch auf folgende Waren: Zement, Korsetts, getrocknete Früchte, Schulmöbel und Schreibtische ausgedehnt worden.

Wie uns aus dem Kreise unserer Mitglieder, von mehreren Portlandzementwerken, mitgeteilt wird, beträgt die neue, für die Einfuhr amerikanischer Zemente nach Brasilien gewährte Zollvergünstigung von 20 pCt. 8 M. für die Tonne. Durch diese Vergünstigung wird die Einfuhr deutscher Zemente nach Brasilien äußerst schwer geschädigt, zumal die Amerikaner infolge sehr billiger Kohlen und sonstiger Betriebsmaterialien heute bereits günstiger produzieren wie die deutschen Werke.

Die Ausfuhr von Zement usw. aus Deutschland nach Brasilien betrug:

Jahr:	Doppelzentner:
1900	198 091
1901	149 748
1902	182 091
1903	306 024
1904	408 281
1905	473 082
1906	720 969
1907	719 226
1908	838 957
1909	898 482

Diese Ausfuhr macht also im Jahre 1909 bereits mehr als das Vierfache derjenigen des Jahres 1900 aus. Von allen Ländern, nach denen deutsche Zemente ausgeführt werden, ist Brasilien der größte Abnehmer. Für die deutsche Zementindustrie, die sich nicht zum wenigsten durch die schwer zu verstehende Beseitigung des deutschen Einfuhrzolles auf Zement bei den Handelsvertragsverhandlungen mit Belgien in schwieriger Lage befindet und auf die Ausfuhr angewiesen ist, bleibt die bisherige Erhaltung des im Emporblühen befindlichen brasilianischen Absatzgebietes eine Lebensfrage.

Wir bitten daher Euer Exzellenz, darauf hinzuwirken, daß Deutschland wenigstens für Zement dieselbe Zollvergünstigung von der brasilianischen Regierung gewährt wird, die jetzt die Vereinigten Staaten von Amerika genießen. Da aber die inredestehende Verordnung mit Wirksamkeit während des laufenden Etatsjahres erlassen ist, also bis zum 31. Dezember 1910 gilt, so läßt sich der Schaden, der inzwischen unserer Ausfuhr von Zement nach Brasilien durch die amerikanischen Exporteure verursacht wird, auf diese Weise nicht mehr rückgängig machen. Es bleibt daher nur das eine Mittel übrig, auf das wir Euer Exzellenz Aufmerksamkeit lenken möchten: Der Abschluß eines Meistbegünstigungsvertrages mit Brasilien, durch den Deutschland auch in den Genuß der den Vereinigten Staaten eingeräumten Differenzialzölle gelangt. Durch Vereinbarung eines solchen Meistbegünstigungsabkommens mit Brasilien könnte die Ausfuhr aus Deutschland nach Brasilien, wie uns bekannt, ganz erheblich gesteigert werden. Wird dagegen ein solches Abkommen mit Brasilien von dem Deutschen Reich nicht getätigt, und erhalten die Vereinigten Staaten von Amerika allein die Vorzugszölle, die in diesem Jahre schon von 11 Tarifnummern auf 16 Nummern erweitert sind und voraussichtlich noch weiter ausgedehnt werden, so wird die Ausfuhr aus Deutschland nach Brasilien in absehbarer Zeit auf ein Minimum herabsinken.

Wir gestatten uns daher, Euer Exzellenz ebenso gehorsamst wie dringlichst zu bitten, den Abschluß eines Meistbegünstigungsvertrages mit Brasilien geneigtest in ernsteste Erwägung zu ziehen bzw. zu betreiben, zunächst jedoch kein Mittel unversucht zu lassen, um der deutschen Einfuhr in Brasilien so schleunig als möglich die gleichen Vorteile zuzuwenden, die die Ausfuhrartikel der Vereinigten Staaten dort genießen.

2.

Marokko-Minenfrage.

Eingabe an den Reichskanzler.

Berlin, den 23. April 1910.

Euer Exzellenz

beehrt sich der Verein Deutscher Eisen- und Stahl-Industrieller in nachstehendem diejenigen Gesichtspunkte darzulegen, die für die deutsche Volkswirtschaft, insbesondere für die Eisen- und Stahlindustrie, bei der Regelung der Marokko-Minenfrage als wesentlich in Frage kommen.

Bei der Behandlung der Frage in der Oeffentlichkeit hat bisher hauptsächlich die Rechtsfrage im Vordergrund gestanden, der Interessenstreit zwischen den deutschen Beteiligten bei der Union des Mines Maroccaines und den Brüdern Mannesmann. Hierbei ist indessen nicht genügend berücksichtigt worden das Gesamtinteresse der deutschen Volkswirtschaft. Auch bei der kürzlich im Auswärtigen Amt stattgehabten Beratung scheint es sich mehr um die Interessen derjenigen gedreht zu haben, die gegenwärtig in Marokko Konzessionen besitzen oder auf solchen Besitz Anspruch erheben, als um die Interessen der deutschen Eisenindustrie. Für diese ist es unwesentlich, in welchen privaten Händen sich die Eisenminen Marokkos befinden, sofern sie sich nur in deutschen Händen unter deutscher Kontrolle befinden und dafür Vorsorge getroffen ist, daß die Produktion in erster Linie dem deutschen Markte zugute kommt.

Demnach steht auch für die Gesamtinteressen der deutschen Industrie die Frage der Mannesmann-Konzessionen so:

> Durch welche Maßnahmen wird die größtmöglichste Eisenerzzufuhr sichergestellt, durch Aufrechterhaltung der umfangreichen Minenansprüche der Gebrüder Mannesmann oder durch deren Preisgabe?

Nachdem sich die deutsche Regierung durch den diplomatischen Beschluß vom 20. August 1908 behindert erklärt hat, diese Minenansprüche bereits als legalisiert anzuerkennen, handelt es sich im wesentlichen um die Frage, ob es im Interesse der deutschen Industrie liegt, die Priorität der Mutung anzuerkennen und bei den demnächst wieder aufzunehmenden Beratungen zur Geltung zu bringen.

Wird die Priorität der Mutung nicht aufrecht erhalten, so fallen alle nicht etwa aus anderen Rücksichten dem Marokko-Minen-Syndikat vorbehaltenen Fundstellen der Allgemeinheit zu. Aus diesem Freiwerden der Fundstellen könnten allerdings einige andere deutsche Interessenten einen privaten Vorteil ziehen, indem sie die freiwerdenden Fundstellen der Mannesmannschen Mutung okkupieren. Die gleiche Chance haben aber auch alle Interessenten des Auslandes, ja eine stärkere, mit Rücksicht auf den vorwiegenden politischen Einfluß Frankreichs und Spaniens in den Erzgebieten. Für die deutsche Gesamtindustrie würde also unter allen Umständen ein Verlust entstehen. Es handelt sich aber nicht nur darum, daß die anscheinend sehr wertvollen Eisenerzlager für uns verloren gehen, sondern es kommt hinzu, daß diese uns verloren gehenden Erze in die Hände der mit uns konkurrierenden Industrien des Auslandes, unter Umständen in amerikanische Hände gelangen und somit statt einer Erleichterung unserer Auslandskonkurrenz zu deren Erschwerung führen müßten.

Von welcher Bedeutung die Einfuhr von Eisenerz aus dem Ausland schon jetzt für unsere heimische Eisenindustrie ist, erhellt aus der Reichsstatistik, gemäß welcher im Deutschen Reich einschließlich Luxemburg

	im Jahre **1907**
die Eisenerzförderung	27 697 128 t
und die Eisenerzeinfuhr	8 476 076 t,
	im Jahre **1908**
die Eisenerzförderung	24 278 151 t
und die Eisenerzeinfuhr	7 732 949 t,
	im Jahre **1909**
die Eisenerzförderung	25 505 409 t
und die Eisenerzeinfuhr	8 366 599 t

betrug. Im Hinblick darauf, daß die ausländischen Eisenerze einen hohen Metallgehalt von 50 bis 60 pCt. Eisen und mehr haben, dagegen die inländischen Erze zum größten Teile arm an Metallgehalt, bis zu 30 pCt. und darunter, sind, und falls weiter der Austausch berücksichtigt wird, der in Eisenerzen über die deutsch-französische Grenze stattfindet, geht man wohl nicht fehl, wenn man annimmt, daß ein Drittel des in Deutschland erschmolzenen Roheisens aus Erzen ausländischer Herkunft herrührt.

Es sind unsere Hochöfen an der Nord- und Ostseeküste, am Niederrhein und in Westfalen, nicht zum wenigsten aber auch in Oberschlesien, teilweise ganz oder in der Hauptsache auf das ausländische Eisenerz angewiesen.

Andererseits ist unsere Eisenindustrie, um ihren Betrieb einigermaßen aufrecht zu erhalten und die Arbeiter zu beschäftigen, genötigt, für ihre Fertigfabrikate Absatz im Auslande zu suchen; in den letzten Jahren hat sie 40 pCt., zum Teil noch mehr ihrer Fabrikate dorthin geschickt.

Würden nun die neuen Marokkoerze in erster Linie unserer ausländischen Konkurrenz zugute kommen, so würde nicht nur unsere Industrie geschwächt, sondern der Wettbewerb des Auslands gestärkt und der Absatz unserer Werke im Auslande erschwert, vielleicht zum Teil unmöglich gemacht werden.

Auch wollen wir nicht unterlassen, darauf hinzuweisen, daß für den Bezug von Eisenerz aus Schweden, d. h. demjenigen Land, das jetzt für die ausländischen Eisenerze für uns in erster Linie steht, uns von Jahr zu Jahr mehr Hindernisse in den Weg gelegt werden, die zum Teil in Schweden selbst, zum Teil in der englischen und amerikanischen Konkurrenz ihren Grund haben.

Angesichts dieser Tatsache bittet der unterzeichnete Verein Euer Exzellenz, dahin wirken zu wollen, daß die deutsche Mutungsarbeit in Marokko auch ungeschmälert der deutschen Industrie zugute komme, d. h. daß das Recht der Priorität der Mutung bei den Beratungen über das neue marokkanische Berggesetz respektive den Uebergangsbestimmungen unter allen Umständen aufrecht erhalten bleibe.

Ein Ausgleich der deutschen Interessen untereinander wird sich auf dem so gewonnenen Boden unschwer finden lassen.

3.

Entwurf eines Zuwachssteuergesetzes.

Eingabe an den **Reichstag.**

Berlin, den 3. Mai 1910.

Die tiefgehende Erregung, die die Bekanntgabe des Entwurfs einer Reichswertzuwachssteuerordnung nicht nur bei den zunächst Beteiligten, den Grundstücksinteressenten und Baugewerbetreibenden, sondern auch bei den maßgebenden Kreisen der Vertreter von Handel und Industrie hervorgerufen hat, legt ein beredtes Zeugnis dafür ab, welche Tragweite für die weitere Entwickelung der gesamten wirtschaftlichen Verhältnisse in Deutschland den beabsichtigten gesetzgeberischen Maßnahmen beigemessen wird und welche schwerwiegenden Folgen in dieser Hinsicht im Falle der Annahme des Gesetzentwurfs befürchtet werden.

Mit Recht ist bereits in den verschiedenen Eingaben der Handelskammern, Interessenvereinigungen und wirtschaftlichen Verbänden darauf hingewiesen worden, wie wenig bei der Ausarbeitung der Vorlage der Gedanke der Besteuerung des „unverdienten Wertzuwachses" gewahrt worden ist, wie es sich vielmehr tatsächlich um die Heranziehung aller Grundstücksveräußerungen zu einer Steuer handelt, durch welche im Falle des Besitzüberganges nicht nur der objektive Wertzuwachs des Grund und Bodens, sondern auch der subjektive Vermögenszuwachs des Besitzers erfaßt wird.

Die Wertzuwachssteuer ist ihrer Geschichte wie ihrem Zweck nach in erster Linie weniger eine finanzpolitische als eine bodenpolitische Maßnahme, und ihre Zweckbestimmung, die Allgemeinheit an dem fortgesetzten, durch die wirtschaftliche Entwickelung verursachten Anwachsen des Bodenwerts teilnehmen zu lassen und auf diese Weise auch die Steigerung der Grundstückspreise und Mieten erträglicher zu gestalten, findet in den weitesten Kreisen zustimmende Beurteilung. Unter diesem Gesichtspunkte kann daher auch seitens des Centralverbandes Deutscher Industrieller der Ausführung des Gedankens, vom Wertzuwachs bei Grundstücken, insoweit er „ohne Zutun des Eigentümers" entstanden ist, eine Abgabe zu Reichszwecken zu erheben, nur durchaus das Wort geredet werden.

Einspruch muß jedoch dagegen erhoben werden, daß der Gesetzgeber bei der Ausgestaltung des Gesetzentwurfs vornehmlich die Tendenz hat maßgebend sein lassen, den Wertzuwachs zu einer möglichst einträglichen Steuerquelle zu machen. Dieser Gedanke des Gesetzgebers spricht sich vor allem deutlich aus in der den Bestimmungen der §§ 10 und 15 des Entwurfs gegebenen Fassung, woselbst über die dem Erwerbspreise hinzuzurechnenden und vom Veräußerungspreise in Abzug zu bringenden Beträge Bestimmung getroffen worden ist. Wenn auch diese Vorschriften durch die Abänderungsbeschlüsse der Kommission, insbesondere dadurch, daß die Anrechnungsfähigkeit der Aufwendungen nicht mehr von dem Nachweise der „fortbestehenden Werterhöhung" abhängig gemacht werden soll, eine sehr viel annehmbarere Gestaltung erfahren haben, so sind dennoch erhebliche Bedenken hinsichtlich der Begrenzung der Anrechnungsmöglichkeit bestehen geblieben. Die Bedenken werden in der Hauptsache darin gefunden, daß auch fortan alle Aufwendungen für Bauten, Umbauten und sonstige dauernde Verbesserungen, die der laufenden Unterhaltung oder ordnungsmäßigen Bewirtschaftung dienen, von der Anrechnungsfähigkeit ausgeschlossen bleiben sollen.

Die Unbilligkeit dieser Bestimmung wird in industriellen Kreisen deshalb besonders schwer empfunden, weil nach Maßgabe der Kommissionsbeschlüsse (Ziffer 3 des neuen § 10 des Entwurfs) eine derartige Beschränkung für landwirtschaftlich benutzte Grundstücke nicht stattfinden soll.

Es wird durchaus anerkannt, daß in landwirtschaftlichen Betrieben die eigene Tätigkeit des Besitzers ein sehr erhebliches „werterhöhendes" Moment bildet und daß es daher nur gerechtfertigt ist, dem Eigentümer eines Gutes, der sich die Hebung des Kulturzustandes des Grund und Bodens, sowie eine ordnungsmäßige Unterhaltung und Wiederherstellung der Wirtschaftsgebäude hat angelegen sein lassen, im Falle der Veräußerung die zu Meliorations- oder Bauzwecken verausgabten Beträge gutzubringen.

Mit gleichem, wenn nicht mit noch größerem Rechte wird diese Forderung aber auch für alle Besitzer industrieller Unternehmungen erhoben werden müssen, die durch eigene Tüchtigkeit und Tätigkeit die Entwickelung ihres Werks gefördert und hierdurch sehr wesentlich zu einer Werterhöhung beigetragen haben. Es kann der Behauptung des Gesetzgebers, die in den Motiven des Entwurfs zur Begründung der Bestimmungen des § 15 aufgestellt worden ist, „daß der Zuwachs erfahrungsgemäß wesentlich auf dem Werte des Grund und Bodens beruht", in dieser Allgemeinheit unsererseits nicht beigetreten werden. Der Wert des Grund und Bodens, der reinen Area, spielt, von den Fällen der Belegenheit einer Fabrik inmitten städtischen Komplexes abgesehen, bei der Mehrzahl der industriellen Unternehmungen gegenüber den übrigen den Wert des Werkes bedingenden Faktoren sehr oft nur eine untergeordnete Rolle, und der Wertzuwachs des Grund und Bodens bleibt im Falle der wachsenden Prosperität der Fabrik häufig um ein vielfaches hinter der Wertsteigerung zurück, die das Etablissement durch die vom Eigentümer für Gebäude, maschinelle Einrichtungen und andere Werksanlagen gemachten Aufwendungen erfahren hat. Wenn demnach dem Fabrikbesitzer im Falle einer Veräußerung der Fabrik oder bei einer sonstigen Besitzübertragung für alle Aufwendungen, die er durch Erweiterungsanlagen des Werks oder kostspielige technische Verbesserungen durch bauliche Maßnahmen gehabt hat, die Anrechnung der Beträge verschlossen sein sollte, so würde eine derartige gesetzgeberische Anordnung ganz zweifellos nicht mehr eine Besteuerung des Zuwachses darstellen, der durch außerhalb der Tätigkeit des Eigentümers liegende Umstände veranlaßt worden ist, sondern in augenfälligster Weise eine Besteuerung des durch produktive Tätigkeit geschaffenen Gewinnes.

Die hieraus resultierende Unbilligkeit dürfte aber um so mehr zutage treten, je weniger damit gerechnet werden kann, daß von seiten der veranlagenden Steuerbehörde bei der Auslegung der Gesetzesvorschriften die Normen kaufmännischer Geschäftsgebräuche in Berücksichtigung gezogen werden. Wenn z. B. bei Fabrikbetrieben in Form einer offenen Handelsgesellschaft durch Eintritt oder Austritt eines Teilhabers, der durchweg auf Grund der letzten Bilanz infolge von Geschäftsverträgen sich zu vollziehen pflegt, unter den Bilanzwerten auch solche von Grundbesitz an den eintretenden oder die in der Gesellschaft verbliebenen Teilhaber übergehen, so ist es mangels einer dahingehenden bestimmten Gesetzesvorschrift völlig in das Belieben der Steuerbehörde gestellt, ob sie die in der Uebergangsbilanz angesetzten Werte anerkennen oder für die Zwecke der Wertbestimmung des Grundbesitzes einen anderen Maßstab, etwa den Wertmaßstab benachbarter Vergleichsobjekte, anlegen will.

Daß in solchen Fällen das freie Schalten der Steuerbehörde nur den Anlaß zu langwierigen Prozessen und Rechtsstreitigkeiten bilden wird, dürfte einem Zweifel kaum unterliegen, wie es auch kaum zweifelhaft ist, daß sich in der Praxis bezüglich der Ermittelung des Wertzuwachses sehr bald das Bedürfnis nach einer Abänderung der gesetzlichen Bestimmungen des Entwurfs geltend machen wird.

In dieser Hinsicht soll hier bereits jetzt auf die Konsequenzen hingewiesen werden, die sich für den Fall des Besitzüberganges eines Bergwerks ergeben müssen und werden. Der Entwurf rechnet zum Grundbesitz ohne weiteres auch das Bergbaueigentum, Kohlenabbaugerechtigkeiten und alle anderen Formen der Berggerechtsame. Er nimmt in seinen weiteren Bestimmungen aber keinerlei Rücksicht darauf, daß der Wert des Bergbaueigentums ein durchaus anderer ist wie der Wert des Oberflächeneigentums. Jener ist nicht, gleichwie der letztere, ein dauernd verfügbarer, sondern besteht lediglich darin, daß die vorhandenen Bestandteile des Erdinnern herausgeholt und zu beweglichen Sachen gemacht werden, deren Bewertung durch allgemeine wirtschaftliche und geschäftliche Verhältnisse, Konjunkturen und die Verwendungsmöglichkeiten der Produkte bestimmt wird. Die Ertragsfähigkeit eines Bergwerks ist daher überhaupt nicht oder doch nur zu einem ganz geringen Teile auf Einwirkungen öffentlicher Gemeinschaften, des Staates oder der Gemeinden zurückzuführen; sie beruht fast ausschließlich auf den seitens des Eigentümers getroffenen Aufschlußarbeiten und Vorrichtungen. Die in dieser Hinsicht gemachten Leistungen und Aufwendungen charakterisieren sich demnach beim Bergwerkseigentum durchaus anders als beim Oberflächeneigentum, da alle solche Aufwendungen lediglich dem Zwecke der Erschließung des Bergwerks dienen und somit ausnahmslos als im Interesse einer „ordnungsmäßigen Bewirtschaftung" des Unternehmens gemacht sich darstellen. Es würde daher bei strenger Auslegung der gesetzlichen Bestimmungen dem steuerpflichtigen Veräußerer im Falle der Besitzübertragung von Bergwerkseigentum für die gesamten aufgewendeten Kostenbeträge die Anrechnungsfähigkeit genommen sein.

Eine solche Konsequenz kann aber wohl sicher nicht der Absicht des Gesetzgebers entsprechen, und wir müssen es daher für dringend erwünscht erachten, daß im Gesetz bestimmt zum Ausdruck gebracht wird, daß unter den Begriff der anrechnungsfähigen Aufwendungen für Bauten, Umbauten und sonstige dauernde Verbesserungen auch alle Aufwendungen fallen, welche zu Schachtbauten und überhaupt zu allen unterirdischen Vorrichtungsarbeiten zum Zwecke der Förderung der Bergwerksprodukte geleistet worden sind, oder daß im Interesse der gesamten industriellen Betriebe der Ziffer 4 des § 10 des Entwurfs folgender Wortlaut gegeben wird:

> „Die Aufwendungen für Bauten, Umbauten und sonstige dauernde besondere Verbesserungen, die innerhalb des für die Steuerberechnung maßgebenden Zeitraums gemacht sind, und nicht zur Wiederherstellung eines schon zur Zeit des Erwerbes mit dem Grund und Boden verbunden gewesenen Gebäudes oder anderen Werkes bestimmt sind, soweit die Bauten und Verbesserungen noch vorhanden sind."

Wir gestatten uns demgemäß, an die Mitglieder des Hohen Reichstages die ebenso dringende wie ehrerbietige Bitte zu richten, den vorstehenden Darlegungen die Beachtung nicht versagen und dem Gesetzentwurf über die Reichswertzuwachssteuer nur dann die Zustimmung erteilen zu wollen, falls den berechtigten Wünschen der industriellen Bevölkerung durch eine Abänderung der besprochenen Bestimmung in der angedeuteten Richtung Rechnung getragen wird.

4.

Entwurf eines Gesetzes über den Absatz von Kalisalzen.

Eingabe an den **Bundesrat.**

Berlin, den 6. Mai 1910.

Die Kommission des Reichstages ist bei der Vorberatung des Gesetzes über den Absatz von Kalisalzen bestrebt gewesen, tief eingreifende sozialpolitische Bestimmungen mit diesem Gesetz zu verbinden.

Von den Vertretern des Zentrums wurde die zwangsweise Beteiligung der Arbeiter am Gewinn beantragt. Von dem 5 pCt. des eingezahlten Kapitals übersteigenden Reingewinn sollten 1/3 an die während des Jahres beschäftigten Arbeiter im Verhältnis zu ihrer Jahreslohnsumme ausgezahlt werden.

Die Sozialdemokraten beantragten, daß der Bundesrat durch das Gesetz verpflichtet werden sollte, den Abschluß von Tarifverträgen in der Kaliindustrie auf der Grundlage eines Minimallohnes und eines Maximalarbeitstages zu fördern. Durch Gesetz sollte den Arbeitern ein Lohnzuschlag von 10 pCt. in Betrieben gesichert werden, in denen die Arbeitsbedingungen nicht durch Tarifverträge geregelt seien.

Diese Anträge sind auf den Einspruch des Herrn Handelsministers abgelehnt worden.

Von dem konservativen Abgeordneten von Brockhausen ist darauf ein anderer Antrag eingebracht worden. Nach ihm soll die Beteiligungsziffer eines Kaliunternehmens um mindestens 10 pCt. gekürzt werden, wenn bei ihm „der innerhalb einer Arbeiterklasse im Jahresdurchschnitt für eine Arbeitsschicht gezahlte Lohn unter den für diese Klasse im Durchschnitt des Jahres 1909 gezahlten Lohn sinkt, desgleichen, wenn bei einer Arbeiterklasse die regelmäßige Arbeitszeit über die im Jahre 1909 üblich gewesene verlängert wird". Dem Antrage liegt der Gedanke zugrunde, daß bei der Kaliindustrie ganz besondere Verhältnisse obwalten, wie sie bei keiner anderen Industrie Deutschlands sich wieder vorfinden. Dieser Industrie soll im Wege des Gesetzes eine gewisse Kontinuität des Betriebes und damit ein gewisser Ertrag gewährleistet werden. In einem solchen ganz ausnahmsweise gelagerten Falle erscheine es zulässig, auch den Arbeitern dieser Industrie eine gewisse Stetigkeit bezüglich der Arbeitsbedingungen gesetzlich zu gewährleisten. Ohne die gute Absicht dieses Antrages zu verkennen, halten wir uns im Interesse der Industrie für verpflichtet, zu erklären, daß wir jede gesetzliche Bestimmung irgendwelcher Art über die Höhe der

Löhne, wie sie in dem Antrage von Brockhausen enthalten ist, daß wir einen gesetzlichen Zwang zum Abschluß von Tarifverträgen oder gar zur Ueberweisung eines Teiles des Reingewinns eines Unternehmens an die Arbeiter für einen Bruch mit den Grundlagen ansehen, auf denen in historischer Entwickelung unsere jetzige Wirtschafts-, Gesellschafts- und Staatsordnung beruht. Derartige gesetzliche Bestimmungen bewegen sich vollkommen in der von der Sozialdemokratie unablässig und mit allen ihr zu Gebote stehenden Mitteln verfolgten, als Ziel den sozialistischen Staat erstrebenden Richtung. Der Erlaß derartiger gesetzlicher Bestimmungen würde einen bedeutsamen Sieg der sozialistischen Idee und eine wesentliche Stärkung der sozialdemokratischen Bestrebungen bedeuten. Daher erachten wir es für unsere Pflicht, Einspruch gegen derartige gesetzliche Bestimmungen zu erheben.

Einspruch erheben wir auch dagegen, daß derartige tief in die wirtschaftlichen Verhältnisse eingreifende prinzipielle Entscheidungen — zu diesen müssen wir, wie bereits erwähnt, auch die eventuelle Annahme des Antrages von Brockhausen zählen — so nebenher bei dem Erlaß eines Gesetzes getroffen werden, das sich mit einer ganz anderen Materie beschäftigt. Der ursprüngliche Gesetzentwurf enthält keine derartigen Bestimmungen.

Wir richten daher an die Verbündeten Regierungen das dringende Ersuchen, dem Gesetze die verfassungsmäßige Zustimmung zu versagen, wenn es mit sozialpolitischen Bestimmungen der hier in Rede stehenden Art vom Reichstage verabschiedet werden sollte.

5.

Zollpolitisches Verhältnis mit unseren Kolonien.

Eingabe an den **Staatssekretär des Reichs-Kolonialamts.**

Berlin, den 3. Juni 1910.

Euer Exzellenz

beehren wir uns ganz ergebenst mitzuteilen, daß die in einer Interessengemeinschaft vereinigten Körperschaften — Centralverband Deutscher Industrieller, Centralstelle für Vorbereitung von Handelsverträgen und Verein zur Wahrung der Interessen der chemischen Industrie Deutschlands — in ihrer Sitzung vom 1. Juni d. J., auf Anregung der Centralstelle für Vorbereitung von Handelsverträgen, betreffs des zollpolitischen Verhältnisses mit unseren Kolonien sich auf folgende Erklärung einigten:

„Die seitens des Deutschen Reiches seinen Kolonien und Schutzgebieten zugewiesene zollpolitische Stellung erweist sich als gefahrbringend. Während alle übrigen Länder dazu übergegangen sind, ihre Kolonien und Interessengebiete zu einer Vorzugs-Domäne des Mutterlandes auszugestalten, hat sich das Deutsche Reich von seinen Kolonien und Schutzgebieten zollpolitisch gewissermaßen getrennt. Die deutschen Kolonien und Schutzgebiete stehen heute dem internationalen Wettbewerb und der Ausnützung durch die fremdländische Konkurrenz offen, ohne daß Deutschland daselbst irgendeine Vorzugsstellung genießt. Andererseits wird der deutsche Handel aus den Kolonialgebieten seiner Konkurrenzländer mehr und mehr zurückgedrängt und erscheint gegen die Provenienzen des jeweiligen Mutterlandes differenziert. Dieser Zustand bedroht uns mit geschäftlicher Einbuße in unseren überseeischen Interessengebieten und erscheint geeignet, beim jeweiligen Abschluß neuer Verträge mit Konkurrenzländern unerfreuliche und schädliche Verwickelungen hervorzurufen."

Zu weiteren Erörterungen über die wichtige Angelegenheit stellt sich die Interessengemeinschaft dem Reichs-Kolonialamt gern zur Verfügung.

6.

Zollauskunftswesen.

Eingabe an den **Staatssekretär des Innern.**

Berlin, den 3. Juni 1910.

Euer Exzellenz

haben durch Erlaß vom 8. April d. J. dargelegt, wie umfangreich und eifrig der handelspolitische Auskunftsdienst vom Reichsamt des Innern versehen wird und wie namentlich auch mündliche und schriftliche Auskünfte über die Zollverhältnisse fremder Länder erteilt werden, von welcher Einrichtung Handel und Industrie ausdauernd reichlich Gebrauch machten.

Die in einer Interessengemeinschaft vereinigten Körperschaften — Centralverband Deutscher Industrieller, Centralstelle für Vorbereitung von Handelsverträgen und Verein zur Wahrung der Interessen der chemischen Industrie Deutschlands — haben in ihrer Sitzung vom

1. Juni d. J. die wichtige, seit langen Jahren zur Erörterung stehende Frage eingehend besprochen mit dem Ergebnis, daß bei aller dankbaren Anerkennung der für Deutschlands Industrie und Handel so nützlichen Bemühungen des Reichsamts des Innern der amtliche Informationsdienst, besonders auf dem Gebiete des Zollwesens und der Zolltarife, zu rascher, bestimmter und erschöpfender Auskunft noch der praktischen Ausgestaltung bedarf.

Wir bitten deshalb Euer Exzellenz ganz ergebenst, uns zunächst gütigst Gelegenheit zu einer Besprechung zwecks weiterer Geltendmachung der Ansichten und Wünsche unserer Interessengemeinschaft zu gewähren.

7.

Gewerbliche Anlagen, welche einer besonderen Genehmigung bedürfen.

§ 16 ff. Reichsgewerbeordnung.

Eingabe an den **Minister für Handel und Gewerbe.**

Berlin, den 10. Juni 1910.

Die Gewerbeordnung bestimmt in § 16, daß zur Errichtung von Anlagen, welche durch die örtliche Lage oder die Beschaffenheit der Betriebsstätte für die Besitzer oder Bewohner der benachbarten Grundstücke oder für das Publikum überhaupt erhebliche Nachteile, Gefahren oder Belästigungen herbeiführen können, die Genehmigung der nach den Landesgesetzen zuständigen Behörde erforderlich ist. Diese Vorschrift und ihre durch die folgenden Paragraphen geregelte Handhabung haben eine tiefgreifende Bedeutung für weite gewerbliche Kreise gewonnen, nicht nur dadurch, daß den ursprünglich im § 16 als genehmigungspflichtig aufgeführten Anlagen im Laufe der Jahre eine große Menge neuer hinzugefügt ward, sondern noch mehr durch die ganze soziale Strömung unserer Zeit. In der Reichstagssitzung vom 19. Februar d. J. hat der Herr Reichskanzler von Bethmann-Hollweg erklärt: In den mannigfachen sozialpolitischen Fragen, die er mit den Abgeordneten erörtert habe, habe er immer wieder vor der trügerischen Hoffnung gewarnt, die Welt mit Gesetzesparagraphen und dem hinter ihnen stehenden Heer von Beamten verbessern zu können. Er habe stets auf das schärfste den Standpunkt vertreten, daß er von der gemeinschaftlichen Arbeit der verschiedenen Volksstände, also von der Arbeit des Volkes, selbst viel größere Vorteile erwarte als von irgendwelcher Reglementiererei, die immer unpraktisch sei und dahin führe, hinter jeden Arbeitgeber und hinter jeden Arbeitnehmer einen Polizeibeamten zu stellen.

Dieser Ausspruch des Herrn Reichskanzlers wird in der Industrie allgemeine Zustimmung finden; darüber, daß trotzdem immer mehr reglementiert wird, daß immer mehr Gesetze und Beamte und behördliche Einmischung das freie Verfügungsrecht einschränken, schwer belastend und belästigend wirken, ist die Mißstimmung gewaltig angewachsen. Das hat sich ja jüngst in einmütigen Kundgebungen aller großen Vertretungskörperschaften von Deutschlands Industrie und Handel auf das deutlichste gezeigt. Und diese Tendenz hat auch die Anwendung der §§ 16 ff. der Gewerbeordnung immer mehr und schädlicher durchdrungen und die ursprünglichen Ziele dieser Gesetzgebung teilweise zum Schaden der Industrie geändert.

Das Ministerialblatt der preußischen Handels- und Gewerbeverwaltung hat in seiner Nummer 15 vom 24. Juli 1909 eine Liste der im Jahre 1908 in den einzelnen preußischen Gewerbeaufsichtsbezirken auf Grund der §§ 16 und 25 der Gewerbeordnung neu genehmigten gewerblichen Anlagen bzw. der als konzessionspflichtig behandelten Aenderungen bestehender Anlagen veröffentlicht. Sie führt etwa 140 verschiedene „Bezeichnungen" von Gewerbszweigen mit genehmigungspflichtigen gewerblichen Anlagen auf, darunter betrifft allerdings die reichliche Hälfte allein die chemische Industrie. Aber man erhält aus diesen Zahlen und Listen doch einen Begriff davon, was alles konzessionspflichtig ist. Es wurden danach im Jahre 1908 im ganzen neu genehmigt 2237 gewerbliche Anlagen, ferner 1265 Veränderungen bestehender Anlagen. Sehen wir betreffs der neu konzessionierten von dem Handwerksbetrieb der Schlächtereien ab, auf welche allein 1380 Genehmigungen entfallen, so sind von Fabrikbetrieben am meisten beteiligt: chemische Fabriken mit 66 neu genehmigten Anlagen und 122 Veränderungen; Dampfkesselfabriken, Kesselschmiede, Fabriken für vernietete Blechgefäße mit 18 bzw. 32; Eisenbaukonstruktionen mit 34 bzw. 54; Gasbereitungs- und Gasbewahrungsanstalten mit 52 bzw. 142, Hammerwerke mit 250 bzw. 110, Kalk- (Zement-) Oefen mit 45 bzw. 33, Metallgießereien mit 25 bzw. 97, Ziegelöfen, Schamotteöfen mit 149 bzw. 147 usw.

Das große Interesse, welches in vielen bedeutenden Industriezweigen an den Bestimmungen der §§ 16 ff. R.G.O. besteht, wird indes durch diese Zahlenangaben bei weitem nicht erschöpft; denn in viel mehr Fällen, als jene wirklich genehmigten, kommt wenigstens bei Veränderungen bestehender Anlagen die Unsicherheit hinzu, ob die beabsichtigte Anlage oder Aenderung genehmigungspflichtig ist oder nicht.

Schon seit langer Zeit hat sich namentlich die chemische Industrie mit diesen Fragen beschäftigt, dann im Laufe der letzten Jahre der Verein deutscher Eisenhüttenleute und die Ton-, Zement- und Kalkindustrie. Ebenso hat der Verein Deutscher Eisengießereien in letzter Zeit Schritte getan, um den Mißständen auf dem Gebiete des gewerblichen Konzessionswesens entgegenzutreten. (Vgl. Mitteilungen des Vereins Deutscher Eisengießereien, März 1910, Seite 38.) Auch der deutsche Handelstag hat neuerdings eine Umfrage veranstaltet. Seitens des Centralverbandes Deutscher Industrieller sind schon seit reichlich zwei Jahren andauernd Erhebungen und Verhandlungen gepflogen. In einer von ihm am 3. März d. J. veranstalteten Versammlung, die sich mit diesen Fragen beschäftigte, waren vertreten: der Verein zur Wahrung der Interessen der chemischen Industrie Deutschlands, der Verein deutscher Eisenhüttenleute, der Verein deutscher Maschinenbauanstalten, der Verein zur Wahrung der gemeinsamen wirtschaftlichen Interessen in Rheinland und Westfalen, der Verein deutscher Portland-Zementfabriken, der deutsche Verein für Ton-, Zement- und Kalkindustrie, der Verband deutscher Tonindustrieller, der Verein der Kalksandsteinfabrikanten, der Verein deutscher Marmorwerke, der Verein zur Wahrung der gemeinsamen wirtschaftlichen Interessen der Saarindustrie, der Verein der Industriellen Pommerns, der Bergische Fabrikantenverein, der Fabrikantenverein Hannover, der Oberschlesische Berg- und Hüttenmännische Verein, die östliche Gruppe des Vereins deutscher Eisen- und Stahlindustrieller, der Verein deutscher Motorfahrzeugindustrieller, der Verein deutscher Zellstoff-Fabrikanten, der Verband deutscher Müller, der Verband deutscher Maschinenfabrikanten für die Brauindustrie, sowie verschiedene große Privatfirmen. Eine erhebliche Zahl anderer Verbände hatte bedauert, Vertreter nicht entsenden zu können, aber ihr lebhaftes Interesse an der Sache dokumentiert. Von mehreren Seiten waren schriftlich Darlegungen und Wünsche eingegangen. Das Ergebnis der eingehenden Erörterungen dieser Versammlung in Verbindung mit den früheren wichtigsten Kundgebungen und Vorschlägen beehren wir uns, Euer Exzellenz in Nachstehendem ganz ergebenst zu unterbreiten.

Was zunächst das Verfahren anlangt, so konzentrieren sich die meisten Klagen dahin, daß es in vielen Fällen zu lange dauert, und daß durch diese Verzögerungen ernste Nachteile und Mißstände sich ergeben. Selbstverständlich wollen das Gesetz und die Staatsverwaltung, bei aller nötigen Sicherung, ein entsprechend rasches Verfahren. So bestimmt § 17 G.O. nach der öffentlichen Bekanntmachung für etwaige Einwendungen gegen die neue Anlage eine angemessene kurze Frist von 14 Tagen. In der am 1. Mai 1904 für Preußen ergangenen neuen Ausführungsanweisung zur Gewerbeordnung zu §§ 16 ff. heißt es obenan: „Anträge auf Erteilung der Genehmigung zur Errichtung der im § 16 bezeichneten Anlagen und zu ihrer Veränderung (§ 25) und alle sich darauf beziehenden Eingänge sind als schleunige Angelegenheiten zu behandeln und im Geschäftsgang als solche zu bezeichnen." Und weiterhin: „Erscheint es im Hinblick auf die Natur der Anlage erforderlich, der Situationszeichnung eine weitere Ausdehnung zu geben, oder finden sich sonstige Mängel, so ist der Unternehmer von dem Sachverständigen zur Ergänzung auf kürzestem Wege, d. h. durch mündliche Verhandlung oder durch unmittelbaren Schriftwechsel zu veranlassen. Die Beamten haben die Abgabe ihrer Gutachten nach Möglichkeit zu beschleunigen." Der Bescheid ist „mittunlichster Beschleunigung" zuzustellen usw. Diese vom Gesetz gewollte und von der Zentralinstanz in dankenswerter Weise unterstrichene Beschleunigung wird aber tatsächlich oft in das Gegenteil verkehrt.

Der Verein deutscher Eisenhüttenleute hat, ebenso wie der Verein zur Wahrung der Interessen der chemischen Industrie Deutschlands eine besondere Kommission mit der Untersuchung und Bearbeitung der Fragen, betreffend die genehmigungspflichtigen Anlagen, eingesetzt. In der erstgenannten Kommission wurde über das Ergebnis der Rundfrage bei den deutschen Hochofenwerken festgestellt: Eine Klage ziehe sich wie ein roter Faden durch fast alle Antworten hindurch, die Klage über die außerordentliche Langsamkeit des Konzessionierungsverfahrens. Daß sechs bis zwölf Monate verstreichen bis zum Eingang der betreffenden Genehmigung, sei nicht selten, noch viel ausgedehntere Fristen scheinen nichts Außergewöhnliches. In einem Falle erhöhte sich diese Wartezeit von der Einreichung des Konzessionsgesuches sogar auf 23 bzw. 27 Monate. Die Praxis der Konzessionierungsbehörde ergebe, wie aus zahlreichen Beispielen zu entnehmen sei, ein Bild, wie es unter der Herrschaft der alten landespolizeilichen Vorschriften kaum buntscheckiger gewesen sein kann, das Erteilungsverfahren sei in einem Maße langatmig geworden, daß die rechtzeitige Ausnutzung der Konjunktur häufig zur Unmöglichkeit wird, und während in unmittelbarem Widerspruch mit dem Gesetz nachträgliche Auflagen und sogar der Widerruf der Genehmigung vorbehalten werden, gingen die Konzessionsbedingungen über den Rahmen des Notwendigen weit hinaus.

Der Hergang betreffs der Zeit ist z. B. folgender: Ein Werk hat unter dem 11. März v. J. bei dem Kreisausschuß die Genehmigung zur Erneuerung eines Hochofens nachgesucht. In dem am 5. Mai zur mündlichen Erörterung etwaiger Einwendungen anberaumten Termin ward festgestellt, daß Einsprüche gegen den Bau dieses Hochofens nicht erfolgt waren. Das Werk wurde bei dem Kreisausschuß wegen baldiger Erledigung des Antrages vorstellig, und nach Verlauf von fünf Monaten, vom Einreichungstermin gerechnet, erhielt das Werk den Bescheid, die betreffenden Vorlagen seien einem höheren technischen Beamten in Berlin zur Prüfung übersandt worden; sobald diese zurückgelangten, würde für umgehende Erledigung Sorge getragen werden. Der Verein deutscher Eisenhüttenleute ist der Ansicht, daß das zur Durchführung einer Genehmigungserteilung notwendige Verfahren sich stets in sechs bis acht Wochen abwickeln lassen müßte, und nur in schwierigen Fällen höchstens einen Zeitraum von drei Monaten in Anspruch nehmen dürfte. Dieser Ansicht schließen wir uns an.

Auf der letzten Hauptversammlung des Vereins zur Wahrung der Interessen der chemischen Industrie Deutschlands am 13. September 1909 wurde von den Berichterstattern über die Reformvorschläge für die Konzessionierung gewerblicher Anlagen konstatiert, daß die bisherigen Bestrebungen des Vereins vorwiegend auf Beschleunigung des Verfahrens gerichtet und zum Teil von Erfolg gekrönt, zum Teil auch weniger erfolgreich waren. Auf die Initiative dieses Vereins wird in erster Linie zurückgeführt, daß durch die im Jahre 1900 in die Gewerbeordnung eingefügten neuen §§ 19a und 21a der Baubeginn bereits vor rechtskräftiger Erteilung der eigentlichen Betriebskonzession unter gewissen im Gesetze vorgeschriebenen Kautelen möglich ist, und daß die im Konzessionsverfahren zugezogenen Sachverständigen gesetzlich zur Verschwiegenheit in bezug auf die zu ihrer Kenntnis gelangten Interna des Betriebes verpflichtet sind. Dagegen waren die Bemühungen des chemischen Vereins auf Abschaffung des Erörterungstermins und auf eine weitere Einschränkung der öffentlichen Bekanntmachung, namentlich bei bloßen Betriebsänderungen, bisher erfolglos.

Beschwerden über Langsamkeit des Verfahrens kommen aus allen beteiligten Gewerbezweigen. Wir möchten noch erwähnen, wie aus dem Kreise der Zementindustrie u. a. der Protest gegen die häufige Verweisung von Industriellen auf die Anklagebank wegen geringer Verstöße gegen die Konzession besonders damit begründet wird: Gerade bei der Langsamkeit des Konzessionsverfahrens werde es kaum einen Industriellen geben, welcher ein Jahrzehnt tätig gewesen sei und sich nicht in der Notlage befunden hätte, gegen die Bestimmung der Gewerbeordnung hinsichtlich des Konzessionsverfahrens zu verstoßen.

Von dem betreffenden Herrn wurde in der Versammlung am 3. März weiter betont, er habe 66 Kalköfen in verschiedenen preußischen Provinzen und Bundesstaaten gebaut und dabei die verschiedenste Behandlung erfahren. Wenn einerseits die Behörden zu wenig Entgegenkommen zeigten, so hätten sie andererseits durch weites Entgegenkommen die Schwierigkeiten behoben, welche aus den gesetzlichen Bestimmungen sich ergeben. Aber gründlich könne Abhülfe nur durch eine Aenderung dieser letzteren bewirkt werden.

Diese Anschauung wird mehrfach vertreten und kam u. a. auch in dem Referat, welches auf der Hauptversammlung des Vereins zur Wahrung der Interessen der chemischen Industrie Deutschlands am 13. September v. J. erstattet wurde, zum Ausdruck. Doch erkannte der Berichterstatter dabei selber an, daß im allgemeinen bei den Reformbestrebungen des chemischen Vereins die Absicht vorherrschte, eine einheitliche Handhabung der Ausführungsbestimmungen zur Gewerbeordnung in sämtlichen Bundesstaaten herbeizuführen. In der an das Referat sich anschließenden Debatte wurden demgemäß wieder Bedenken dagegen geäußert, die wünschenswerten Verbesserungen im Konzessionswesen im Wege des Gesetzes einzuführen; besser wäre es, im Verwaltungswege reformierend zu wirken. Dieser Standpunkt kam weiterhin in der vom chemischen Verein eingesetzten besonderen Kommission noch markanter zum Ausdruck, und auf ihn einigte sich die am

3. März d. J. unter dem Vorsitz des Centralverbandes Deutscher Industrieller abgehaltene allgemeine Interessentenversammlung.

Es gelangte dort durchweg die Ueberzeugung zum Ausdruck, daß das Gesetz selbst erhebliche Mängel enthält und durch die Unklarheit verschiedener seiner Vorschriften, welche Widersprüche bergen oder wenigstens in der Interpretation zulassen, hauptsächlich die bestehenden Mißstände hervorgerufen sind. Aber man sagte sich, daß an der Reichsgewerbeordnung seit langen Jahren nur zuviel herumgeändert wird, und daß die Industrie überhaupt der herrschenden allzuvielen Gesetzmacherei nicht noch Vorschub leisten will, wenn sie es irgend vermeiden kann. Zudem liegt angesichts der in den Parlamenten derzeit vorherrschenden sozialen Strömung die Gefahr vor, daß bei Anregung von Gesetzesänderungen im ganzen stets eher eine Verschlechterung als eine Verbesserung für die Industrie herauskommen kann.

Andererseits wird allgemein anerkannt, daß auch ohne Aenderung der gesetzlichen Bestimmungen selbst, durch die Art und Einheitlichkeit ihrer Ausführung schon bedeutende Erleichterung zu schaffen ist. Man hegt zu den maßgebenden Zentralinstanzen das Vertrauen, daß sie sachverständig und wohlwollend in dieser Richtung wirken. Gewiß steht schon bisher der Instanzenweg offen. Aber vielfach fügten sich Gewerbetreibende in die Anordnungen der unteren Behörden, weil sie bei den Anfechtungen durch gar nicht abzusehenden Zeitverlust vielleicht noch mehr Nachteile befürchteten. Dafür, daß auf dem Verwaltungswege, durch die Zentralinstanzen, wesentliche Abhülfe geschaffen werden kann, spricht auch die Tatsache, daß, obwohl die Gewerbeordnung gleichmäßig für das ganze Reich gilt, aus Süddeutschland keine oder wenig Klagen wegen der §§ 16 ff. kommen. Das ist schon früher mehrfach konstatiert worden. Innerhalb des Königreichs Preußen, ja innerhalb einzelner Provinzen ist die Handhabung der Vorschriften der Gewerbeordnung über die genehmigungspflichtigen Anlagen eine sehr verschiedene. So hat die vom Verein deutscher Eisenhüttenleute veranstaltete Umfrage ergeben, daß in einigen Gewerbeaufsichtsbezirken überhaupt keine Klagen bestanden, während in einem einzigen anderen Bezirk von zwölf vorhandenen Hochofenwerken nicht weniger als acht bittere Beschwerden über die rigorose Praxis des zuständigen Gewerberats führten, und die vier übrigen nur deshalb keine Klage vorzubringen hatten, weil von ihnen Um- oder Neubauten seit langem nicht mehr vorgenommen worden seien. Die außerordentlich verschiedene Handhabung der Gewerbeordnung in den verschiedenen Teilen des Reichs und auch Preußens wird ferner bezeugt durch die Erhebungen, welche gelegentlich der Rundfrage betreffend Sonntagsruhe in den Martinwerken erfolgt sind (vgl. „Stahl und Eisen", Nr. 18 vom 4. Mai 1910, Seiten 743 bis 751). In einer Eingabe an den Bundesrat vom 15. April d. J. haben der Verein Deutscher Eisen- und Stahlindustrieller gemeinsam mit dem Verein Deutscher Eisenhüttenleute u. a. ausgeführt:

> „Im Einklang mit den Bestimmungen des § 105 c, Ziffer 3 der Reichsgewerbeordnung, über deren Auslegung nach dem Wortlaut des Gesetzes und den Ausführungen maßgebender Kommentare *) kein Zweifel bestehen kann, sehen die deutschen Martinwerke das Beschicken der Martinöfen in der Nacht von Sonntag auf Montag als Vorbereitungsarbeit an, „von welcher die Wiederaufnahme des vollen werktägigen Betriebes abhängig ist". Diese Auslegung des Gesetzes und die in ihrer logischen Folge ausgeübte Praxis, die bisher bei den Martinwerken überall als selbstverständlich galt, hat bei einigen Behörden letzthin einen teilweisen Widerspruch gefunden und in einem Falle sogar zu einer Bestrafung des betreffenden Betriebsleiters geführt."

Das schon erwähnte amtliche Verzeichnis der im Jahre 1908 in den einzelnen preußischen Gewerbeaufsichtsbezirken auf Grund der §§ 16 und 25 der Gewerbeordnung neu genehmigten gewerblichen Anlagen läßt ebenfalls einigermaßen darauf schließen, daß die Handhabung der Vorschriften und die Anschauungen, was konzessionspflichtig ist und was nicht, stark voneinander abweichen. Sonst wäre eine solche Verschiedenheit der Ziffern selbst in benachbarten Bezirken kaum erklärlich. Es wurden nämlich u. a. im Gewerbeaufsichtsbezirk Potsdam 76 Schlächtereianlagen neu und vier Veränderungen konzessioniert, im Bezirk Berlin dagegen im ganzen nur 2, in Merseburg 116, in Hannover 13 usw. Aehnlich steht es mit den hauptbeteiligten Industriezweigen. So wurden betreffs chemischer Fabriken Genehmigungen erteilt im Bezirk Berlin 3 bzw. 1, im Bezirk Erfurt keine, in Hannover 1 bzw. 4, in Breslau nur 2 Veränderungen; dagegen in Lüneburg-Stade 8 Neuanlagen und 5 Veränderungen, in Potsdam 8 bzw. 4, in Wiesbaden 14 bzw. 18, in Düsseldorf 4 Neuanlagen und 21 Veränderungen. So verschieden ist Umfang und Bedeutung der chemischen Industrie in

*) Vgl. z. B. Landmann II S. 65.

diesen Bezirken doch nicht, daß sich daraus allein die vorstehenden Zahlen erklären ließen. Für Hammerwerke erfolgten Genehmigungen in Arnsberg 68 resp. 28, in Düsseldorf 82 resp. 62, in Aachen 1 resp. 2, in Erfurt 2, in Liegnitz 1 usw.

Da sonach Einvernehmen in den beteiligten Industriezweigen dahin herrscht, Aenderungen in der Gesetzgebung vorerst nicht anzustreben, können alle bezüglichen Erörterungen und Vorschläge aus unserer jetzigen Darlegung ausscheiden. Betreffs des Verfahrens bei der Konzessionserteilung mag nur hervorgehoben sein, daß seitens des chemischen Vereins der Erörterungstermin (§ 19 R.G.O.) als überflüssig und mehr Schikane als Nutzen für die Oeffentlichkeit bringend erachtet wird. Die Meinungen darüber, welche Behörden für das Genehmigungsverfahren zuständig sein sollen, und über den Instanzenzug sind nicht einheitlich. Dem stellenweise geäußerten Wunsch, wonach in Preußen durchweg die Bezirksausschüsse — in den anderen Bundesstaten die entsprechenden Verwaltungsstellen — die Entscheidung fällen sollen, wird entgegengehalten, daß man in hochindustriellen Gegenden, wie Rheinland, Westfalen und Oberschlesien mit den Stadt- und Kreisausschüssen gute Erfahrungen gemacht hat, während in Gegenden mit überwiegender Landwirtschaft Klagen der Industrie über das Verhalten der Stadt- und Kreisausschüsse bestehen. Jedenfalls herrscht allseitig der Wunsch und das Bedürfnis, daß die betreffenden Behörden überall entsprechend mit sachverständiger Beratung und Entscheidung aus den nächstinteressierten gewerblichen Kreisen selbst versehen werden. Fehlt infolge der Zusammensetzung die genügende Sachkunde zur Beurteilung gewerblicher und industrieller Verhältnisse, so geben bei den Entscheidungen hauptsächlich die Gutachten der Gewerbeinspektoren den Ausschlag. Deren Auffassungen und Stellungnahme sind aber mangels erschöpfender allgemeiner Bestimmungen sehr verschieden. Eine allseitig entsprechende Beigabe von Sachverständigen ist in gewissem Maße auch ohne Aenderung der bestehenden Gesetze durch die Ausführungsanweisungen auf dem Verwaltungswege möglich.

So wünscht der Verband Ostdeutscher Industrieller, daß Nr. 16 Abs. 7 der preußischen Ausführungsanweisung, wonach bei Stauanlagen zur bautechnischen Prüfung ausschließlich der Wasserbaubeamte und der Meliorationsbaubeamte zuständig sind, abgeändert werde. Der letztgenannte Beamte, der namentlich bei den kleineren und mittleren Wasserkraftanlagen die

Prüfung hauptsächlich ausführt, nimmt nur die landwirtschaftlichen Interessen wahr. Hierdurch kommt in Gegenden, wo die Landwirtschaft vorherrscht, die Industrie zu kurz. Dagegen schützt sie auch nicht die vorgesehene Beteiligung des Wasserbaubeamten; denn es gibt keine Lokal-Wasserbaubeamte für die kleineren Flüsse. Für sie tritt im vorliegenden Falle der wasserbautechnische Regierungsrat bei der Regierung ein, der nicht immer genügende Kenntnis der industriellen Anlagen und ihrer örtlichen Verhältnisse besitzen kann. Die Industrie entbehrt daher zurzeit des genügenden Schutzes. Dieser Uebelstand tritt jetzt besonders häufig hervor, seitdem das Reichsgericht entschieden hat, daß Aenderungen an Wasserkraftmaschinen genehmigungspflichtig sind. Wird also z. B., wie es häufig vorkommt, für ein Wasserrad eine Turbine eingebaut, so wird dies — sehr oft noch nach vollendetem Einbau — vom Meliorationsbaubeamten dazu benutzt, ein Genehmigungsverfahren auf Grund des § 25 der Gewerbeordnung einzuleiten und die landwirtschaftlichen Interessen dabei wahrzunehmen. Kleinere Industrielle, namentlich die ohnedies sehr leidenden M ü h l e n b e s i t z e r sind meistens nicht in der Lage, durch kostspielige Gegen-Gutachten, für welche geeignete Sachverständige in der Nähe nicht zu haben sind, oder durch Prozesse ihre Rechte zu behaupten. Danach wird gewünscht, daß zu den in Nr. 16 Abs. 7 genannten Beamten noch ein Beamter oder eine Instanz tritt, bei der man eine größere Wahrung der Interessen der Industrie voraussetzen darf.

Mehrfach wird hervorgehoben, so auch vom Verein Deutscher Eisengießereien, daß die Berufung gegen die Behörde im Konzessionsverfahren in einer kontradiktorischen Verhandlung erledigt werden müsse.

Dem verschiedentlich geäußerten, gewiß eine innere Berechtigung bergenden Wunsch, daß, unbeschadet des Rekursverfahrens, nicht bloß eine provisorische Ausführung der baulichen Anlagen gestattet werden kann, sondern auch ein V e r s u c h s b e t r i e b, wäre wohl von Grund aus auch nur durch eine Aenderung des § 19a der Gewerbeordnung genugzutun. Doch ist stellenweise bisher schon ein solcher Versuchsbetrieb tatsächlich zugelassen, also mit den bestehenden gesetzlichen Vorschriften vereinbar erachtet worden. Demnach ließe sich wohl auch in dieser Beziehung auf dem Verwaltungswege weitere Erleichterung und eine einheitlichere Praxis schaffen.

Auf demselben Wege könnte den Bitten der bergischen und märkischen K l e i n e i s e n i n d u s t r i e, mit denen namentlich der bergische Fabrikantenverein zu Remscheid und der märkische Verein der Kleineisenindustrie schon wiederholt vorstellig geworden, soweit irgend tunlich, entsprochen werden. Nach § 16 gehören „Hammerwerke" zu den genehmigungspflichtigen Anlagen. Unter dieser Bezeichnung wird nach der geltenden Praxis jeder mechanisch betriebene Hammer verstanden, gleichgültig, ob 5 oder 5000 Kilogramm schwer. Die kleinen mechanischen Hämmer müssen in steigendem Maße zur Anwendung kommen, sofern die deutsche Kleineisenindustrie auf dem Weltmarkt wettbewerbsfähig bleiben soll. Daß es ursprünglich nicht im Sinne des Gesetzes und seiner verständigen Interpretation lag, auch ganz leichte Hämmer genehmigungspflichtig zu machen, geht schon daraus hervor, daß die Ausführungsbestimmungen für die Gewerbeordnung zu den „Hammerwerken" im Sinne des § 16 solche Anlagen nicht zählten, in denen Fallgewichte unmittelbar durch die Armkraft eines Arbeiters gehoben werden. Wir möchten demnach den Wunsch der vielen mittleren und kleineren Betriebe der hart um ihre Lebensbedingungen kämpfenden Kleineisenindustrie zu nochmaliger geneigter Erwägung empfehlen, wonach eine Genehmigung der Anlage der Fallhämmer mit einem Bärgewicht von 150 Kilogramm und darunter nicht mehr erforderlich wäre, und für die übrigen Fallhämmer ein vereinfachtes Verfahren für die Genehmigung Platz greifen würde. Die mit dem Genehmigungsverfahren verbundenen Umständlichkeiten stehen, wie betont wird, nicht im Verhältnis zu dem Wert der Anlage überhaupt und erscheinen geeignet, die wünschenswerte Ausdehnung des Gebrauchs der Fallhämmer zu beeinträchtigen.

Wesentliche Klagen treten ferner hervor betreffs des Inhalts der Konzession und der Handhabung der erteilten Konzession. Es hat sich mehr und mehr die Tendenz geltend gemacht, die Genehmigung mit weitgehenden Bedingungen, im allgemeinen und im einzelnen zu belasten, so daß nicht nur dem Betroffenen daraus bedeutende Opfer und Belästigungen erwachsen, sondern auch, zumal bei sehr verschiedener Handhabung, eine für die gedeihliche Führung des Unternehmens störende Unsicherheit. Das widerspricht indes schon dem Grundgedanken, aus welchem heraus die Vorschriften der Gewerbeordnung über die genehmigungspflichtigen Anlagen seinerzeit erlassen wurden. In der Begründung zur Gewerbeordnung hieß es bezüglich § 16: die betreffenden polizeilichen Bestimmungen seien so verschiedenartig und oft belästigend, daß eine neue Regelung ein unerläßliches Bedürfnis bilde; und es liege im Interesse der Gewerbetreibenden, dadurch, daß vor der Errichtung der Anlagen im Wege eines geordneten Verfahrens eine Prüfung der Einwendungen und Beschwerden erfolgt. gegen nachträgliche Auflagen und Beschränkungen gesichert zu sein. § 18 der Gewerbeordnung besagt:

„Werden keine Einwendungen angebracht, so hat die Behörde zu prüfen, ob die Anlage erhebliche Gefahren, Nachteile oder Belästigungen für das Publikum herbeiführen könne. Auf Grund dieser Prüfung, welche sich zugleich auf die Beachtung der bestehenden bau-, feuer- und gesundheitspolizeilichen Vorschriften erstreckt, ist die Genehmigung zu versagen, oder, unter Festsetzung der sich als nötig ergebenden Bedingungen, zu erteilen. Zu den letzteren gehören auch diejenigen Anordnungen, welche zum Schutze der Arbeiter gegen Gefahr für Gesundheit und Leben notwendig sind. Der Bescheid ist schriftlich auszufertigen und muß die festgesetzten Bedingungen enthalten; er muß mit Gründen versehen sein, wenn die Genehmigung versagt oder nur unter Bedingungen erteilt wird."

Hiernach können wohl Bedingungen gestellt werden, aber sie müssen sich als nötig ergeben haben und besonders begründet sein. In der chemischen Industrie und darüber hinaus machte namentlich der Fall „Ammonia" Aufsehen. Hier war in der Genehmigungsurkunde der Vorbehalt gemacht, daß die Beschlußbehörde im Bedarfsfalle auf Antrag der Ortspolizeibehörde berechtigt sein sollte, die ursprünglichen Konzessionsbedingungen nachträglich zu verändern oder zu ergänzen. Ein solcher Vorbehalt ist, wie in der Generalversammlung des chemischen Vereins treffend nachgewiesen wurde. in solcher Allgemeinheit auch bei Zugrundelegung der Bestimmungen der preußischen Ausführungsanweisung ungesetzlich. Der Unternehmer hatte die rechtzeitige Anfechtung unterlassen; so forderte denn die Konzessionserteilungsbehörde auf Grund des Vorbehalts eine Reihe nachträglicher Auflagen, und als der Unternehmer sie nicht erfüllen konnte, ordnete die Polizeibehörde die völlige Einstellung des Betriebs an.

Daß nicht bloß nach dem Geist des Gesetzes, sondern auch nach seinem Buchstaben der Vorbehalt weiterer Auflagen und Bedingungen unzulässig, ergibt sich aus dem obenstehenden Wortlaut des § 18, wonach der Bescheid die festgesetzten Bedingungen enthalten muß; ferner aus § 25, wonach die Genehmigung zu einer in den §§ 16 und 24 bezeichneten Anlagen solange in Kraft bleibt. als keine Aenderung in der Lage oder Beschaffenheit der Betriebsstätte vorgenommen wird. In der Begründung des Gesetzes ward noch besonders darauf hingewiesen, daß das Konzessionsverfahren der Errichtung der Anlage vorausgehen soll, gerade um *nachträgliche Auflagen und Beschränkungen auszuschließen.*

Seitens des Vereins deutscher Eisenhüttenleute und seiner Hochofen-Kommission ist eine Reihe von Beispielen vorgeführt worden, wie durch Vorbehalt weiterer Auflagen und durch eine unbegrenzte, ganz verschiedenartige Ausgestaltung der Bedingungen in der Praxis das Gesetz jedenfalls nicht so gehandhabt wird, wie der ursprüngliche Wille der Gesetzgebung war. So ist ungesetzlich die in einem neueren Konzessionsbescheide enthaltene Bedingung: „Die Unternehmerin ist verpflichtet, dafür zu sorgen, daß eine erhebliche Belästigung oder Schädigung der Umgebung der Anlage durch Flugstaub, Rauch, Ruß oder unverbrannte Hochofengase vermieden wird. Sollten die zu diesem Zwecke getroffenen Einrichtungen sich nicht als genügend erweisen, so bleibt ausdrücklich *vorbehalten*, diejenigen Einrichtungen und Maßnahmen *nachträglich* vorzuschreiben, welche zur Beseitigung der hervorgetretenen Mißstände notwendig und geeignet erscheinen.“ Und ähnlich anfechtbar eine andere Bedingung, welche besagt: „Sollte die Verhüttung von Ferromangan zu Unzuträglichkeiten führen, die durch Vervollkommnung der Betriebseinrichtungen nicht beseitigt werden können, so kann die Herstellung von Ferromangan vollständig untersagt werden.“

Was die Art und Menge der von vornherein aufgestellten Bedingungen anlangt, so zeigen sie die Tendenz, in das Unendliche und Unerfüllbare sich zu versteigen. In der vom Verein deutscher Eisenhüttenleute berufenen Versammlung von Vertretern der Hochofenwerke wurde eine *Konzessionsurkunde* vorgeführt, die nicht weniger als 44 *Punkte* enthält. Das vielfach verlangte Reinigen der gesamten Gasrohrleitungen eines modernen Hochofenwerkes durch äußere Vorrichtungen ohne Befahren derselben z. B. wird seitens der Hochofenwerke als in vielen Fällen unmöglich erklärt und dürfte also allgemein nicht verlangt werden. In einem Falle, nämlich bei der Granulation von Schlacke, standen sich die Meinungen der Konzessionsbehörden über die vorzuschreibenden Einrichtungen sogar diametral gegenüber. Einem Werke ist nämlich in der Konzession vorgeschrieben: „Die Schlacke muß stets in das Wasser ablaufen, damit sie der Granulation unterliege; sie muß in granuliertem Zustand transportiert werden;“ einem anderen dagegen: „Falls das Granulieren der Schlacke aufgenommen werden soll, ist eine besondere Genehmigung einzuholen.“ Als nun später das Werk um die Genehmigung der Granulation nachsuchte, wurden ihm so große Schwierigkeiten und Auflagen gemacht, daß es sich entschloß, die nachgesuchte Genehmigung zurückzuziehen und dafür eine neue Genehmigung zu einer anderen Anlage ohne Abwässer nachzusuchen. Es war dieses das oben erwähnte Werk, dessen Konzession 44 Punkte enthält. Das scheint also noch nicht einmal genug! Nach alledem ist wohl verständlich, wenn die Hochofenwerke zu gemeinsamer Abwehr mit der Mahnung aufgefordert wurden: wenn das nicht geschehe, so liefen sie Gefahr, eines Tages mit einer „Normal-Hochofenkonzession“ rechnen zu müssen; in der alle, aber auch alle die Erschwerungen vereinigt wären, die bisher nur einzeln die verschiedenen Werke betroffen haben.

Die Angelegenheit, die seinerzeit mit den Anstoß zur Bewegung in der Hochofenindustrie gegeben hat, nämlich, daß man bei ganz kleinen Hochöfen kategorisch die maschinelle Bewegung der Gichtglocke verlangte, hat jüngst eine weitere Fortsetzung gefunden, indem der Gewerbeinspektor im Falle eines kleinen Hochofens von 60 Kubikmeter Inhalt die Durchführung dieser Konzessionsbedingung verlangte. Dies betreffende Werk hat verschiedentlich sich in dieser Sache vergeblich an den Bezirksausschuß um Befreiung von jener allerdings von ihr nicht rechtzeitig angefochtenen Konzessionsbedingung gewandt. Die Berufsgenossenschaft hat dem Werk ausdrücklich bestätigt, daß in den Unfallverhütungsvorschriften keine Bestimmungen über maschinelle Bedienung der Gichthebevorrichtungen getroffen seien, und daß für kleinere Oefen auch ein gehörig eingerichtetes Handwindwerk vollständig sicher sei. Es liegt weiter in derselben Sache ein ärztliches Gutachten vor, wonach ein Versuch, die in nicht meßbarer Menge vorhandene Verschlechterung der Luft, die durch den Gasaustritt an dem betreffenden Ofen entsteht, durch eine maschinelle Anlage herabzumindern, in gesundheitlicher Beziehung als durchaus belanglos zu bezeichnen sei. Auf Ersuchen des betreffenden Werkes ist auch seitens der Hochofenkommission des Vereins deutscher Eisenhüttenleute festgestellt worden, daß in diesem Falle die Begichtung des kleinen Ofens mit der vorhandenen Handwinde schnell und einwandfrei erfolgt und die Arbeiter gegen den Einfluß von Gas und Flamme hinreichend geschützt sind, so daß durch Einführung des mechanischen Betriebes keinerlei Besserung zu erwarten stehe, da nur Bruchteile von Sekunden damit gewonnen würden. Dabei erfordert die Einführung des mechanischen Betriebs für diesen winzigen Ofen eine Aufwendung von 8—10 000 M.

Durch ministeriellen Entscheid ist ja endlich die vorbesprochene Konzessionsbedingung betreffs der maschinellen Einrichtung der Gichtgasglocke eines Hochofenwerks aufgehoben worden. Aber der Fall ist doch bezeichnend dafür, welche Schwierigkeiten es bei den Unterbehörden machen kann, augenscheinlich sinnlose Konzessionsbedingungen wieder aus der Welt zu schaffen, indem man dafür den langwierigen Weg zur Ministerialinstanz beschreiten muß. Daß man bei letzterer regelmäßig Verständnis und Entgegenkommen findet, wurde auch in der allgemeinen Versammlung vom 3. März d. J. mehrfach mit Dank anerkannt.

Aehnliche Klagen, daß oft unnötige, aber kostspielige Auflagen, auch solche, die mit dem Betrieb kaum etwas zu tun haben, bei der Erteilung von Konzessionen gemacht werden, kommen aus den verschiedensten Industrien.

Grundsätzlich möchten wir betreffs der mannigfachen und weitgehenden Arbeiterschutz- und Gesundheitsbestimmungen, die immer mehr in die Konzessionen eingefügt zu werden pflegen, noch auf einen Punkt hinweisen. Es ist in dankenswerter Weise seitens der hohen Verbündeten Regierungen anerkannt und auch jetzt wieder im Entwurf der Reichsversicherungsordnung festgestellt worden, daß die Berufsgenossenschaften ihre Aufgaben sachentsprechend erfüllen und Gutes leisten. Leider wird auf dem Gebiet der genehmigungspflichtigen gewerblichen Anlagen ihre Tätigkeit vielfach über Gebühr zurückgeschoben und durchkreuzt.

Das Gewerbe-Unfallversicherungsgesetz legt den Berufsgenossenschaften das Recht bei, Einrichtungen zur Unfallverhütung für ihre Mitglieder anzuordnen und das von den Versicherten in diesen Betrieben zu beobachtende Verhalten zu regeln. Bei der Beschlußfassung wirken die Vertreter der Arbeiter mit vollem Stimmrecht mit, und die Vorschriften bedürfen der Genehmigung des Reichsversicherungsamts. Dessen jüngster Bericht über das Jahr 1909, veröffentlicht in den amtlichen Nachrichten des Reichsversicherungsamts Nr. 2 vom 15. Februar 1910, hat gerade nach der Richtung der Unfallverhütung den gewerblichen Berufsgenossenschaften besonderes Lob erteilt. Es heißt dort:

„Mit Genugtuung ist festzustellen, daß nunmehr alle gewerblichen Berufsgenossenschaften Vorschriften zur Verhütung von Unfällen erlassen haben.“ — „Die Anstellung von technischen Aufsichtsbeamten zur Ueberwachung der Betriebe hat bei den gewerblichen Berufsgenossenschaften erfreuliche Fortschritte gemacht. Bei 62 der 66 gewerblichen Berufsgenossenschaften waren am Schlusse des Berichtsjahres für diese Beamten 332 (im Vorjahre 312) Stellen vorhanden." — „Welch reiches Betätigungsfeld für eine größere Zahl landwirtschaftlicher technischer Aufsichtsbeamten vorhanden ist, geht aus der hohen Ziffer der von den landwirtschaftlichen Berufsgenossenschaften im Jahre 1908 entschädigten Unfälle hervor, die durch das Fehlen von Schutzeinrichtungen und durch mangelhafte Betriebseinrichtungen entstanden waren. Diese Zahlen ergeben auch, wie die Ueberwachung der Betriebe in engstem Zusammenhange mit der Höhe der Rentenlast der Berufsgenossenschaften steht und wie wirksame Maßnahmen der Berufsgenossenschaften zur Betriebsüberwachung sich nicht bloß im Interesse der Versicherten durch Verhütung von Unfällen, sondern auch zum Vorteile der Berufsgenossenschaften durch Abnahme der Unfallasten belohnt machen."

Hier wird also von zuständiger amtlicher Stelle anerkannt, daß die gewerblichen Berufsgenossenschaften nach Recht und Pflicht Fürsorge zur Unfallverhütung treffen. Danach ist um so weniger nötig und gewiß oft mehr Erschwerungen und Komplikationen als Nutzen im industriellen Betriebe bringend, wenn noch bei der Genehmigung von gewerblichen Anlagen alle möglichen und auch zum Teil kaum möglichen Bedingungen zur Unfallverhütung in die Konzessionen aufgenommen werden, wie das tatsächlich in steigendem Maße der Fall ist.

Wir gestatten uns, in dieser Beziehung darauf hinzuweisen, daß am 31. Januar d. J. im Königlich Preußischen Ministerium für Handel und Gewerbe eine Besprechung mit Sachverständigen stattgefunden hat, die sich mit der von der Ministerialinstanz aufgeworfenen Frage einer verschärften Ueberwachung der Drahtseile an Kranen zu befassen hatte. Die Verhandlungen verliefen für die Industriellen durchaus günstig, da sie die Vertreter des Herrn Ministers überzeugen konnten, daß eine Polizeiverordnung nicht nur außerordentlich störend, sondern auch zwecklos sein würde. Als Ergebnis der Besprechung konnte in den Berichten der betreffenden Delegierten der Industrie festgestellt werden, daß der Einfluß der Gewerbeinspektionen auf diese Frage ausgeschaltet sei, und daß die Unfallberufsgenossenschaften angewiesen werden würden, schon in dieser Richtung vorhandene Vorschriften durch noch andere Vorschriften zu ergänzen und den Werken zur Beachtung zu empfehlen. Durch die in Berlin getroffene Entscheidung und dadurch, daß man die Verfolgung dieser Angelegenheit den Berufsgenossenschaften in die Hände gelegt habe, könne eine für alle Teile befriedigende Lösung gefunden werden.

In gleichem Sinne hat jüngst auf seiner Tagung zu Berlin am 10. Mai d. J. der Berufsgenossenschaftstag beschlossen:

„Der Verband deutscher Berufsgenossenschaften weist darauf hin, daß durch das Bestehen zahlreicher Verordnungen und Anordnungen der Landeszentral- und Polizeibehörden zur Sicherheit der Betriebe neben den Unfallverhütungsvorschriften der Berufsgenossenschaften insbesondere, wenn dieselben nicht übereinstimmen, erhebliche Schwierigkeiten entstehen. Der Verband hält deshalb für notwendig, daß die Berufsgenossenschaften alsbald zu einer Vereinheitlichung ihrer Unfallverhütungsvorschriften in ihrem allgemeinen Teile schreiten und dafür sorgen, daß bei Erlaß dieser Vorschriften und ebenso bei Erlaß von Verordnungen der Landeszentral- und Polizeibehörden durch Vermittlung des Reichsversicherungsamtes Unstimmigkeiten vorgebeugt werde. Zu diesem Zweck wird insbesondere empfohlen, den § 117 des Gewerbeunfallgesetzes dahin zu erweitern, daß auch die Landeszentralbehörden verpflichtet sein sollen, alle Anordnungen, die auch nur zu einem Teile das Gebiet des § 112 des Gewerbeunfallgesetzes berühren, den beteiligten Genossenschaften zur Begutachtung vorzulegen."

Wir möchten dazu ganz besonders betonen, daß sich die Industrie überhaupt allen verständigen Maßnahmen im Interesse des Arbeiterschutzes und der Arbeiterwohlfahrt, soweit mit der Konkurrenz- und Existenzfähigkeit vereinbar, willig unterzieht. Der Widerstand, und zwar ein sehr berechtigter und notwendiger Widerstand, geht nur gegen eine unerträgliche Ueberlastung und verwickelte Reglementierung und gegen die damit verbundene Unsicherheit.

Sicherlich würde es der Ausbildung der Maßnahmen zum Schutze der Arbeiter dienen, wenn ein reger Meinungsaustausch der Betriebsunternehmer oder deren Angestellten in der Fachpresse über den Wert der getroffenen Anordnungen stattfinden würde. Da aber vielfach gefürchtet wird, daß die Beamten der Gewerbeaufsicht aus solchen Veröffentlichungen Anlaß zu neuem Reglementieren schöpfen würden, so unterbleibt der Meinungsaustausch, und die Mitarbeit, auf welche der Herr Reichskanzler hohen Wert legt, ist ausgeschaltet.

Zu allerlei neuen Auflagen und Bedingungen gibt besonders auch der § 25 der Gewerbeordnung Anlaß, der überhaupt auf dem hier behandelten Gebiet ein besonderer Stein des Anstoßes ist. Er behandelt die Verhältnisse bei der Aenderung bestehender Anlagen und lautet wie folgt:

„Die Genehmigung zu einer der in den §§ 16 und 24 bezeichneten Anlagen bleibt so lange in Kraft, als keine Aenderung in der Lage oder Beschaffenheit der Betriebsstätte vorgenommen wird, und bedarf unter dieser Voraussetzung auch dann, wenn die Anlage an einen neuen Erwerber übergeht, einer Erneuerung nicht. Sobald aber eine Veränderung der Betriebsstätte vorgenommen wird, ist dazu die Genehmigung der zuständigen Behörde nach Maßgabe der §§ 17 bis 23 einschließlich beziehungsweise des § 24 notwendig. Eine gleiche Genehmigung ist erforderlich bei wesentlichen Veränderungen in dem Betrieb einer der im § 16 genannten Anlagen. Die zuständige Behörde kann jedoch auf Antrag des Unternehmers von der Bekanntmachung (§ 17) Abstand nehmen, wenn sie die Ueberzeugung gewinnt, daß die beabsichtigte Veränderung für die Besitzer oder Bewohner benachbarter Grundstücke oder das Publikum überhaupt neue oder größere Nachteile, Gefahren oder Belästigungen, als mit der vorhandenen Anlage verbunden sind, nicht herbeiführen werde."

Dieser Paragraph leidet an wesentlichen Unklarheiten. Nach dem ersten Satz: „Die Genehmigung . . . bleibt so lange in Kraft, als keine Aenderung . . . vorgenommen ist", scheint das Gesetz vorzuschreiben, daß die Genehmigung ohne weiteres von selbst erlischt, sobald eine wesentliche Aenderung unbefugt vorgenommen wird. In diesem Sinne sind tatsächlich Behörden vorgegangen. Dagegen hat das preußische Oberverwaltungsgericht in mehreren Entscheidungen den Standpunkt eingenommen, daß bei Vornahme einer wesentlichen Aenderung ohne die erforderliche Genehmigung die Konzession als solche nach wie vor bestehen bleibt und nur der neue, nicht genehmigte Teil von der Behörde als zu Unrecht vorhanden behandelt werden und der verantwortliche Gewerbetreibende deshalb bestraft werden darf. Es ist weiter nicht recht abzusehen, warum einmal bei der Betriebsstätte nur von einer „Veränderung", das andere Mal beim Betriebe von „wesentlichen Veränderungen" die Rede ist. Dieser Widerspruch wird noch komplizierter dadurch, daß in dem die Strafbestimmungen enthaltenden § 147 der Gewerbeordnung in beiden

Fällen das „wesentliche" vorgeschrieben wird. Es heißt da nämlich: „Mit Geldstrafe bis zu 300 M. und im Unvermögensfalle mit Haft wird bestraft, wer . . . ohne neue Genehmigung eine wesentliche Veränderung der Betriebsstätte oder eine Verlegung des Lokals oder eine wesentliche Veränderung in dem Betriebe der Anlage vornimmt."

Betreffs des Begriffs des „wesentlichen" sind die Behörden in der Lage, sehr verschieden vorzugehen. Erhebungen, die darüber der chemische Verein im Jahre 1904 veranstaltete, ergaben z. B., daß die Anbringung eines etwa zwei Meter hohen Bretterverschlages um einen kleinen auf dem Fabrikhofe stehenden Apparat zum Schutze des an diesem beschäftigten Arbeiters gegen Schlagregen von dem zuständigen Gewerberat als „genehmigungspflichtige wesentliche Aenderung" bezeichnet und der betreffende Gewerbetreibende wegen Gesetzesverletzung vor den Strafrichter gestellt, in den oberen Instanzen jedoch freigesprochen wurde. Auf der Stettiner Generalversammlung des chemischen Vereins im Jahre 1904 wurde in Anregung gebracht, den gesetzgebenden Faktoren die Aufnahme folgender Definition der genehmigungspflichtigen „wesentlichen" Aenderung in negativer Fassung in § 25 der Gewerbeordnung zu empfehlen: „Solche Aenderungen des Betriebes oder der Betriebsstätte, die weder auf die Umgebung noch auf die beschäftigten Arbeiter einen Einfluß ausüben, der verschieden ist von demjenigen, der in der Konzession vorgesehen ist („unwesentliche Aenderungen"), sind nicht genehmigungspflichtig." Diese Anregung wurde später von der Handelskammer in Sorau aufgegriffen und vom Ausschuß des Deutschen Handelstages auf Grund eines Referates des damaligen Vorsitzenden des chemischen Vereins im Prinzip warm befürwortet. Wenn es gleichwohl damals zu einer entsprechenden Antragstellung an die Faktoren der Reichsgesetzgebung nicht gekommen ist, so lag dies daran, daß man ein möglichst einheitliches Vorgehen vorzog und sich darum lieber auf den Standpunkt stellte, in erster Linie an die Ministerialinstanz zwecks Herbeiführung einer liberalen Verwaltungspraxis zu petitionieren.

Wir möchten hier ergebenst darauf hinweisen, daß auch der Deutsche Handelstag sich wiederholt mit der Beseitigung der Mißstände auf diesem Gebiet beschäftigt hat. Am 26. April 1905 richtete er auf Grund von Erhebungen, die lebhafte Klagen zutage förderten, und nach eingehenden Beratungen in seinem Ausschuß eine Eingabe an Eurer Exzellenz Herrn Amtsvorgänger mit dem Antrag, eine Aenderung der Ausführungsanweisung zur Gewerbeordnung vom 9. August 1899 in dem Sinne herbeizuführen, — 1. daß die auf einem Fabrikgelände zu errichtenden Baulichkeiten, deren Zweckbestimmung einen Einfluß auf die Erhöhung der mit dem Gesamtbetriebe verbundenen Gefahren und Belästigungen ausschließt, nur der baupolizeilichen Kontrolle, nicht aber dem in § 16 ff. G.O. vorgeschriebenen Genehmigungsverfahren unterworfen werden; — 2. daß Anträge, von der öffentlichen Bekanntmachung des Gesuches Abstand zu nehmen (§ 17), in allen Fällen zu befürworten sind, in denen durch die beabsichtigte Veränderung neue oder größere Nachteile, Gefahren und Belästigungen, als mit der vorhandenen Anlage verbunden sind, nicht herbeigeführt werden; 3. daß gegen den Beschluß, durch welchen ein solcher Antrag abgelehnt wird, das Rechtsmittel des Rekurses zugelassen werde. — Nachdem ferner am 1. März 1907 das preußische Abgeordnetenhaus einen Beschluß gefaßt hatte, wonach bei der Prüfung der Vorlagen zu gewerblichen Anlagen außer den Bau-, Gewerbeaufsichts- und Medizinalbeamten auch durch die Landwirtschaftskammern zu bezeichnende landwirtschaftliche Sachverständige beteiligt werden sollten, sofern landwirtschaftliche Interessen berührt würden, beantragte der Deutsche Handelstag, daß, wenn nach dem Beschlusse des Abgeordnetenhauses landwirtschaftliche, von der Landwirtschaftskammer bezeichnete Sachverständige bei der Prüfung beteiligt würden, auch gewerbliche, von der Handelskammer ernannte Sachverständige in gleicher Weise zuzuziehen seien.

In der allgemeinen Versammlung vom 3. März wurde von der Mehrzahl der Redner ebenfalls hervorgehoben, wie die allergrößten Beschwerden sich gegen den § 25 richten. Seitens der Vertretung der chemischen Industrie betonte man, der Schutz der Betriebsunternehmer schwebe wegen der Bestimmungen über Aenderungen absolut in der Luft. Von den möglichen Erleichterungen werde wenig Gebrauch gemacht, da die Beamten sich den Rücken decken wollten. Andererseits unterblieben seitens der Unternehmer sogar wesentliche Verbesserungen, z. B. Waschanlagen u. dgl., um dem lästigen Konzessionsverfahren zu entgehen.

Dabei wirkt die schon erwähnte Frage mit, über welche die Meinungen noch auseinandergehen, ob nicht durch eine von den Behörden als „wesentlich“ angesehene Aenderung die ganze Konzession erlischt. Auch aus dem Königreich Sachsen wurde seitens des Vereins deutscher Zellstoff-Fabrikanten geklagt, wieviel Schwierigkeiten und Willkür aus dem § 25 erwachsen, zumal die

Zusatz-Konzession von den Behörden vielfach benutzt wird, um anderweitige durch die Aenderung selbst nicht bedingte oder mit ihr nicht zusammenhängende Maßnahmen aufzuerlegen. Z. B. wurde eine ausgedehnte Wasserreinigung verlangt, auf Befragen war aber der betreffende Gewerbeinspektor sich selber nicht klar, was er damit und wie er sie wolle. Wenn man, so meinte der betreffende Vertreter aus Sachsen, im Verwaltungswege eine Aenderung durchdrücken wolle, könne man vielleicht ein halbes oder ein Jahr damit warten.

Die Rechtsprechung, namentlich das preußische Oberverwaltungsgericht hat sich allerdings auf den Boden gestellt, daß als wesentliche Veränderungen im Betriebe nur solche anzusehen sind, welche eine neue, vermehrte Gefahr oder Belästigung gegenüber der bisherigen Anlage bringen können.

Die Rechtslage ist nach zwei Seiten hin schwierig: Stellt ein besonders vorsichtiger Unternehmer bei der zuständigen Behörde den Antrag auf Erteilung der Genehmigung, so kann der Fall eintreten, daß dieselbe nicht erteilt wird, weil die Behörde die Auffassung vertritt, eine wesentliche Veränderung liege nicht vor, die Genehmigung sei somit nach dem Gesetze nicht erforderlich. Bis zu dieser Entscheidung pflegt häufig infolge Prüfung des Gesuchs usw. sehr viel Zeit zu vergehen, die für den Unternehmer nutzlos verloren ist. Oft tritt aber der andere Fall ein, daß der Betriebsunternehmer selbst die Auffassung hat, es liege keine wesentliche Veränderung vor, daß er sie also ohne Genehmigung ausführt. Einem solchen Gewerbetreibenden kann es begegnen, daß die Gewerbeinspektion oder die Polizei die Aenderung als eine wesentliche anspricht und die Bestrafung gemäß § 147 Z. 2 G. O. beantragt. Nach der herrschenden Judikatur (vergleiche z. B. R. G. im P. V. Bl. Bd. 26, S. 847 und O. V. G. im P. V. Bl. Bd. 29, S. 932) sind derartige Veränderungen wesentlich, „welche auf diejenigen Rücksichten einwirken können, die im Eingange des § 16 als solche hervorgehoben werden, und die nach dem Gedanken des Gesetzgebers überhaupt die Anlage genehmigungspflichtig gemacht haben, nämlich die Rücksichten, daß die Anlage durch die Beschaffenheit der Betriebsstätte für die Besitzer oder Bewohner der benachbarten Grundstücke oder für das Publikum überhaupt erhebliche Nachteile, Gefahren oder Belästigungen herbeiführen kann."

Nun läßt ja dieses „kann" eine weite Interpretation zu. Jedenfalls will sich die Industrie ehrlich auf den Boden stellen, daß eine neue Genehmigung erforderlich ist und nachgesucht wird, wo durch Aenderungen neue Gefahren möglich sind. Die Rechtsprechung bietet immerhin gegen allzuweites Eingreifen der Behörden einen gewissen Schutz. Doch dient sie diesen keineswegs stets als Richtschnur.

Man kann zweifelhaft sein, und es ist darüber tatsächlich unter den Interessenten die Meinungsverschiedenheit mannigfaltig erörtert worden, ob es angebracht und möglich ist, den Begriff des „Wesentlichen" bei der Veränderung im Gesetz festzulegen. Jedenfalls würde das großen Schwierigkeiten begegnen, da bei verschiedenen Anlagen und Betrieben Tatfragen und verschiedene Momente in Betracht kommen und einigermaßen individualisiert werden muß. Aus diesem Grunde vermögen die örtlichen Genehmigungsbehörden und Gewerbeaufsichtsbeamten sich den tatsächlichen Bedürfnissen in ihren Bezirken besser anzupassen, als es durch eine gesetzliche Regelung für das ganze Reich tunlich sein würde. Eine einheitliche Instruktion über Begriff und Tendenz des „Wesentlichen" könnte jedenfalls schon viel Gutes schaffen.

Wir möchten schließen mit dem Ueberblick, mit dem auf der Versammlung der Hochofenwerke die Rechtslage gekennzeichnet wurde: In vielen Fällen sind die Konzessionsbehörden nicht im Einklang mit den gewerbepolitischen Grundgedanken der Reichsgewerbeordnung, nicht selten sogar im Widerspruch mit gesetzlichen Bestimmungen vorgegangen. Das Konzessionswesen krankt an einer übermäßigen Reglementierung, die sich fast auf allen Gebieten unseres öffentlichen Lebens bemerklich macht. Die belästigenden Polizeivorschriften, mit denen, wie die Motive zur Gewerbeordnung ausdrücklich hervorheben, der Gesetzgeber aufräumen wollte, machen sich wieder breit und verdrängen mit ihren oft kleinlichen und spitzfindigen Bestimmungen die großzügigen Gedanken eines segensreichen Gesetzes. Die Klagen über das Zuvielregieren gewinnen in dem Ergebnis der Umfrage eine schlagende Bestätigung.

Besonders aber möchten wir Euer Exzellenz bitten, in gütige Erwägung zu ziehen, wie die aus allen beteiligten Industriezweigen besuchte Versammlung vom 3. März d. J. sich völlig einigte in dem Bestreben: daß zunächst auf dem Verwaltungswege durch die Regierungen der Bundesstaaten Verbesserungen und Vereinfachungen gegenüber der infolge von unklaren Gesetzesbestimmungen und der herrschenden sozialen Strömung vielfach verschiedenen und zu weitgehenden Praxis der Genehmigungsbehörden geschaffen werden möchten.

Sonach bitten wir Euer Exzellenz ganz ergebenst um geneigte Berücksichtigung folgender Hauptpunkte:

Tunlichste Beschleunigung des Verfahrens; entsprechende Mitwirkung von Sachverständigen bei den Genehmigungsbehörden; Vermeidung von allzuvielen Bedingungen und Auflagen bei der Erteilung und Handhabung der Konzessionen; sachentsprechende, möglichst gleichmäßige Anweisungen an die Genehmigungsbehörden und besonders an die Gewerbeaufsichtsbeamten wegen der Handhabung der §§ 16 bis 25 der Gewerbeordnung, namentlich wegen der Behandlung von Aenderungen bei bestehenden Anlagen.

8.

Internationales Uebereinkommen über den Personen- und Gepäckverkehr.

Eingabe an das **Reichs-Eisenbahnamt.**

Berlin, den 14. Juli 1910.

Auf den Erlaß vom 10. Mai d. J. beehren wir uns, im nachstehenden einige Wünsche und Anträge zu dem uns gütigst übermittelten Entwurf eines internationalen Uebereinkommens über den Personen- und Gepäckverkehr zu überreichen. Wir bemerken ergebenst, daß bei der von uns veranstalteten Rundfrage aus den Kreisen unserer Mitglieder lebhafte Befriedigung und dankbare Anerkennung über die Anbahnung eines solchen Abkommens laut geworden sind, und daß das Zustandekommen der geplanten Vereinbarung als ein bedeutungsvoller Fortschritt im internationalen Verkehr begrüßt werden würde. Um die Verhandlungen nicht zu erschweren, haben wir unsere Vorschläge in engen Grenzen gehalten.

Artikel 1 bestimmt: „Erfolgt die Beförderung zum Teil auf Linien, die dem Uebereinkommen nicht unterstehen, so findet dieses auf die gesamte Beförderung keine Anwendung.“ Es wird gewünscht, daß in diesen Fällen die Bestimmungen des Uebereinkommens doch wenigstens auf den ihm angeschlossenen Linien angewendet werden und nur für die nicht angeschlossenen Teillinien eine Unterbrechung erfahren.

Zu Artikel 3, welcher kurz besagt: „Die Eisenbahn haftet für ihre Leute und für andere Personen, deren sie sich bei Ausführung der Beförderung bedient", wäre klarzustellen, ob hier die Gepäckträger inbegriffen sind oder nicht. Das erstere wäre wünschenswert und ist in der am 1. April 1909 in Geltung getretenen Reichs-Eisenbahnverkehrsordnung, wie auch in unseren Vereinbarungen mit Oesterreich-Ungarn bereits festgelegt, da in die Verkehrsordnung eine neue Bestimmung aufgenommen worden ist, wonach innerhalb des Bahnhofsbereichs für das den Gepäckträgern übergebene Reise- und Handgepäck die Eisenbahn ebenso haftet wie für das ihr zur Beförderung übergebene Reisegepäck. Eine gleichlautende Regelung im internationalen Verkehr dürfte zu erstreben sein.

Laut Artikel 6 soll aus den Fahrtausweisen und Gepäckscheinen ersichtlich sein, daß sie für eine diesem Uebereinkommen unterstehende internationale Beförderung gelten. Da indessen nach Artikel 1 (1) das internationale Uebereinkommen auf die gesamte Beförderung dann keine Anwendung findet, wenn die Beförderung zum Teil auf Linien erfolgt, die dem Uebereinkommen nicht unterstehen, so würde es im Interesse einer größeren Rechtsklarheit angezeigt erscheinen, wenn der Artikel 6 (1) dahin erweitert würde, daß auf den Fahrtausweisen und Gepäckscheinen ein entsprechender Vermerk angebracht werden muß, wenn sie entsprechend der Beschränkung im Artikel 1 dem internationalen Uebereinkommen n i c h t unterliegen. Es wird gewünscht, statt „soll ersichtlich sein" zu setzen: „m u ß ersichtlich sein".

In Artikel 11 Absatz 2 heißt es: „Die Fahrtausweise sind übertragbar, soweit nicht ihre Uebertragbarkeit durch die Tarife ausgeschlossen ist." Letztere Fälle können beim reisenden Publikum nicht allgemein bekannt sein. Es ist also ein ausdrücklicher Hinweis auf der Fahrkarte wünschenswert, wenn sie nicht übertragbar ist.

Die Bestimmung des Entwurfs im Artikel 14: „Innerhalb der Geltungsdauer des Fahrtausweises ist der Reisende berechtigt, die Fahrt auf Zwischenstationen zu unterbrechen" wird gegenüber der Vorschrift der deutschen Eisenbahnverkehrsordnung (§ 25), welche eine gegenteilige Interpretation zuläßt, als eine wesentliche Erleichterung des Verkehrs begrüßt. Es bleibt lediglich zu wünschen, daß, wie dieses jetzt bereits in der Schweiz der Fall ist, der Reisende die Fahrt auf jeder Zwischenstation der Strecke, für die er eine Fahrkarte hat, auch ohne Formalitäten, insbesondere ohne daß ein weiterer Nachweis gefordert wird, unterbrechen darf.

Artikel 15 des Entwurfs, Uebergang in eine höhere Wagenklasse, bringt sehr viel bestimmter als die deutsche Eisenbahn-Verkehrsordnung

(§ 20 [3]) zum Ausdruck, daß der Uebergang in eine höhere Wagenklasse oder in einen Zug mit höheren Fahrpreisen „auf jeder Zwischenstation, wo der Zug anhält“, gegen Zahlung des tarifmäßigen Zuschlags gestattet ist, wobei wir uns noch auf folgendes hinzuweisen erlauben. Es ist bekannt, daß die im Deutschen Reich geltenden Vorschriften, wonach beim Uebergang in eine höhere Wagenklasse eine Zuschlagskarte im Betrage des halben Werts der Karte der höheren Wagenklasse gelöst werden muß, allgemein als eine unbillige Verteuerung empfunden werden, da z. B. der Reisende beim Uebergang aus der III. in die II. Klasse 5,25 statt 4,5 Pf. für den Kilometer zahlen muß. Wenn daher diese Regelung für den deutschen Personenverkehr hauptsächlich deswegen getroffen worden ist, weil eine Zusatzkarte in der Höhe einer halben Fahrkarte der niederen Klasse es dem Reisenden ermöglicht hätte, sich der höheren Fahrkartensteuer für die höhere Wagenklasse zu entziehen, so dürfte diese Schwierigkeit dadurch überwunden werden können, daß, wie z. B. in Oesterreich, die Anordnung getroffen würde, daß die Zugführer nach den in ihren Händen befindlichen Tarifen die Preisverschiedenheit zwischen den beiden Wagenklassen berechnen und unter Zufügung der Fahrkartensteuer-Differenz den Reisenden ausgeschriebene Fahrkartenausweise aushändigen. Die Kontrolle für die Eisenbahnverwaltung würde durch mechanische Durchpausung und durch vorgedruckte laufende Nummern auf den Fahrkartenausweisen, also in sehr einfacher Form, ausgeübt werden können. Eine besonders starke Inanspruchnahme der Zeit des Zugführers würde bei der im Verhältnis zum Gesamtverkehr doch immerhin geringen Häufigkeit dieser Fälle nicht zu befürchten sein. Gegen eine geringe Ausschreibegebühr von etwa 25 Pf. würde gleichfalls nichts einzuwenden sein. Wir bitten, diese Anregung in Erwägung ziehen zu wollen.

Nach der deutschen Verkehrsordnung § 11 sind Personen, die wegen einer Krankheit oder aus anderen Gründen den Mitreisenden lästig fallen würden, von der Beförderung auszuschließen, „wenn ihnen nicht ein besonderes Abteil angewiesen werden kann“. Laut den Ausführungsbestimmungen zu dem internationalen Uebereinkommen zu Artikel 16 sollen sie ausgeschlossen sein, „wenn nicht für sie ein besonderes Wagenabteil bezahlt wird und angewiesen werden kann“. Das Verlangen der Bezahlung des ganzen besonderen Abteils in allen Fällen kann zu empfindlichen und andererseits vermeidbaren Härten führen. Falls daher ohne Beeinträchtigung des Verkehrs ein Abteil zur Verfügung gestellt werden kann, sollte unter Berücksichtigung der gegebenen Verhältnisse eventuell die einfache Fahrkarte als genügend angesehen werden, wie dieses in der deutschen Verkehrsordnung vorgesehen ist, zumal deren übrige Bestimmungen ad 1, betreffs des Ausschlusses von Personen, die die vorgeschriebene Ordnung nicht beachten, sich den Anordnungen der Bahnbediensteten nicht fügen oder den Anstand verletzen, insbesondere betrunkene Personen, in das Uebereinkommen wörtlich aus der deutschen Verkehrsordnung entnommen sind.

Betreffend die Mitnahme von Handgepäck ist unter Hinzufügung bzw. Voransetzung des Wortes „Kleine" die Bestimmung der Verkehrsordnung übernommen worden, wonach „leicht tragbare Gegenstände (Handgepäck) in die Personenwagen mitgenommen werden dürfen, wenn die Mitreisenden dadurch nicht belästigt werden und keine Zoll-, Steuer- und Polizeivorschriften entgegenstehen". Es wäre zu wünschen, daß im internationalen Verkehr einheitliche und möglichst genaue Bestimmungen über den erlaubten Umfang und das erlaubte Gewicht des in den Personenwagen zuzulassenden Handgepäcks getroffen würden, damit nicht der Reisende, der nach den Bestimmungen und der Praxis seines Heimatlandes zugelassenes Handgepäck mitnimmt, in einem anderen Lande, dessen bezügliche Vorschriften er nicht kennt, Schwierigkeiten hat.

Unter den von der Mitnahme in die Personenwagen ausgeschlossenen Gegenständen benennen die Ausführungsbestimmungen zu Artikel 18 des Entwurfs ausdrücklich „Munition", lassen aber die in der Verkehrsordnung vorgesehene Ausnahme nicht zu, wonach Jäger und Schützen Handmunition mitnehmen dürfen. Es wird der Wunsch ausgesprochen, dieses auch im internationalen Verkehr zuzulassen.

Nr. 3 des Artikels 18, wonach „die Eisenbahnbediensteten berechtigt sind, sich von der Beschaffenheit der mitgenommenen Gegenstände zu überzeugen", gibt in dieser Allgemeinheit Willkür und Belästigungen weiten Raum. Es dürfte sich eine angebrachte Beschränkung durch einen Zusatz erzielen lassen, der ungefähr zu lauten hätte: „wenn ausreichende Gründe zu der Annahme vorhanden sind, daß verbotene Gegenstände mitgeführt werden".

Bezüglich der Verspätung und des Ausfalls von Zügen oder der Betriebsstörungen (Artikel 19) ist zu wünschen, daß die Bestimmung unserer Eisenbahnverkehrsordnung in das internationale Uebereinkommen übernommen werde, wonach in solchen Fällen einer ohne das Verschulden des Reisenden verhinderten vollen Durchführung der Reise ihm auf seinen Wunsch freie Rückbeförderung mit dem nächsten günstigsten Zug auch in der nächsthöheren Klasse zu gewähren ist, wenn dieser Zug die vom Reisenden bezahlte Wagenklasse nicht enthält. Ferner sollte ebenso wie in unserer Verkehrsordnung bestimmt werden, daß bei solchen Anschlußversäumnissen und dergleichen die Eisenbahn den Reisenden auf dessen Wunsch „ohne Preisaufschlag mit dem nächsten günstigsten, auf der gleichen oder auf einer anderen Strecke nach derselben Bestimmungsstation fahrenden, dem Personenverkehr dienenden Zuge zu befördern hat, wenn hierdurch die Ankunft auf der Bestimmungsstation beschleunigt wird".

In dem Entwurf des Internationalen Uebereinkommens wird in unvorteilhafter Weise für den Reisenden und mehr nach dem Belieben der Eisenbahn nur bestimmt, daß er mit dem nächsten „geeigneten, nach derselben Bestimmungsstation fahrenden Zuge" zu befördern sei.

Es dürfte sich weiter empfehlen, wenn eine dem § 26 Absatz 8 unserer Verkehrsordnung entsprechende Vorschrift in den Artikel 19 des Entwurfs aufgenommen werden könnte, dahingehend: Zugverspätungen, die mehr als 15 Minuten betragen, und Betriebsstörungen sind durch Anschlag bekannt zu machen.

Bezüglich der Ausführungsbestimmungen möchten wir noch darauf aufmerksam machen, daß der Absatz c des § 5 (zu Artikel 22):

> außer den im Artikel 22 Absatz 1 bezeichneten Gegenständen sind als Reisegepäck zugelassen:
>
> c) Warenproben (Muster), die von Geschäftsreisenden mitgeführt werden und nach ihrer Verpackungsart als Proben erkennbar sind,

von den Beamten unrichtig ausgelegt werden kann und dadurch die Reisenden unter Umständen unnötigen Belästigungen ausgesetzt sind. Jeder Zweifel würde ausgeschlossen sein, wenn dieser Absatz dahin lauten würde, daß

> außer den im Artikel 22 Absatz 1 bezeichneten Gegenständen als Reisegepäck zuzulassen sind:
>
> Warenproben oder Waren, welche von Geschäftsreisenden als Verkaufsmuster mitgeführt werden und durch ihre Verpackungsart als solche erkennbar sind.

Artikel 26 besagt kurz: „Die Reisenden sind verpflichtet, der zoll- oder steueramtlichen und der polizeilichen Abfertigung ihres Gepäcks beizuwohnen. Die Folgen des Fernbleibens treffen die Reisenden." Hierzu ist zu wünschen, daß die zoll- und steueramtliche Abfertigung des Gepäcks, wenn irgend möglich, im Zuge stattfinde, die des aufgegebenen Gepäcks auch in allen Zügen mit durchgehenden Wagen, in denen ein Verkehr mit den Gepäckwagen möglich ist. Auch wird angeregt, daß der Reisende von der Verpflichtung der Anwesenheit bei der Revision, auf seine Gefahr entbunden werde und durch Beigabe der Schlüssel usw. die Revision ohne persönliche Anwesenheit ermöglichen könne. Eine weitere Anregung geht dahin, daß es dem Reisenden wahlweise überlassen werden sollte, die Zollrevision seines Gepäckes an der Grenze oder an der Bestimmungsstation, falls an derselben ein geeignetes Zollamt vorhanden ist, vornehmen zu lassen; doch müßte diese Bestimmung bei der Aufgabe des Gepäckes getroffen und auf Gepäck und Gepäckschein vermerkt werden.

In Artikel 28 Absatz 2 heißt es betreffs später wiederaufgefundenen Gepäcks: Der Reisende kann verlangen, daß ihm das Gepäck gegen Rückzahlung des Ersatzbetrages usw. verabfolgt werde. Da vorher nicht von einem Ersatz die Rede ist, ist dieser Passus nicht ohne weiteres verständlich. Es würde sich eine kleine redaktionelle Aenderung, ein Hinweis nach dem Wort „Ersatzbetrages" auf den Artikel 30 empfehlen, welcher die Ersatzpflicht aufstellt. Auch wäre zu Artikel 28 ein Zusatz erwünscht dahingehend: befindet sich der Reisende zurzeit der Auffindung des Gepäcks an einem anderen Ort, nicht an der Abgangs- oder Bestimmungsstation, so ist ihm auf seinen Antrag das Gepäck an dem anderen Ort kostenfrei abzuliefern.

Betreffs der Haftung der Eisenbahn für Ueberschreitung der Lieferungsfrist (Artikel 33) ist es zu begrüßen, daß der Entwurf die für das Publikum günstige neue Bestimmung der deutschen Verkehrsordnung (§ 37) übernommen hat, wonach die Eisenbahn auch zu zahlen verpflichtet ist, wenn ein Schaden nicht entstanden oder nicht nachgewiesen ist; vor dem 1. April 1909 wurde nur der nachweislich entstandene Schaden vergütet. Jedoch ist zu bedauern, daß im internationalen Verkehr die schon für den innerdeutschen Verkehr vielfach ungenügenden Vergütungen bei verspäteter Gepäcklieferung noch vermindert werden sollen. Sofern das Interesse an der rechtzeitigen Auslieferung des Gepäcks nicht versichert ist — und das wird wohl die Regel sein, zumal nach Artikel 25 (3) die Angabe des Interesses an der Lieferung des Reisegepäcks eine halbe Stunde vor Abgang des Zuges erfolgt sein muß — bestimmt Artikel 33 des Entwurfs, daß bei nachgewiesenem Schaden die Eisenbahn für je angefangene 24 Stunden der Fristüberschreitung — höchstens aber für drei Tage — bis zum Betrage von 20 Centimes für jedes Kilogramm des ausgebliebenen Gepäcks zahlt; bei nicht entstandenem oder nicht nachgewiesenem Schaden 10 Centimes. Nach der deutschen Verkehrsordnung betragen die Sätze, die, wie gesagt, in vielen Fällen der Gepäckverspätung noch ungenügend sind, wenigstens 20 bzw. 10 Pf.

für das Kilogramm. Wir halten um so mehr erstrebenswert, eine solche Verminderung der Entschädigungssätze zu beseitigen, als gerade die Fälle der Verspätung des Gepäcks im internationalen Verkehr häufiger und für die Reisenden empfindlicher zu sein pflegen. § 8 der Ausführungsbestimmungen, welcher lautet: „Die hier und im Uebereinkommen selbst in Frankenwährung angegebenen Beträge sind in den Vertragsstaaten mit anderer Währung durch Beträge in der Landeswährung zu ersetzen," läßt kaum die Deutung zu, daß die in der Frankenwährung angegebenen Beträge für den Verkehr mit Deutschland durch Beträge in der Markwährung in der durch unsere Eisenbahnverkehrsordnung angegebenen Höhe zu ersetzen sind.

Wir sehen davon ab, weitere Wünsche auf Ergänzung des Entwurfs zu einem internationalen Uebereinkommen vorzubringen, zumal im dortigen Erlasse darauf hingewiesen ist, daß nach den bisherigen Erfahrungen beim Abschluß von internationalen Vereinbarungen über den Eisenbahnverkehr die Vorschriften des Entwurfs das Höchstmaß dessen darstellen dürften, was von den außerdeutschen Eisenbahnen für den internationalen Verkehr zu erreichen sein werde. Nur einen Punkt möchten wir noch erwähnen.. Die deutsche Verkehrsordnung bestimmt (§ 9) über Zahlungsmittel: „Außer den gesetzlichen Zahlmitteln ist, wo das Bedürfnis besteht, auch das in den Nachbarländern gesetzlichen Kurs besitzende Gold- und Silbergeld anzunehmen. Den Annahmekurs hat die Eisenbahn festzusetzen und bei den Abfertigungsstellen durch Schalteraushang zu veröffentlichen." Ein ähnliches Entgegenkommen dürften andere Staaten auch zeigen und eine entsprechende Vorschrift wäre in das internationale Uebereinkommen aufzunehmen. Die einzelnen Stationen, an denen auch fremdes Geld in Zahlung genommen wird, müßten dann genügend bekannt gegeben werden. Gerade im internationalen Verkehr wäre eine solche Maßregel wichtig und dankenswert.

Allgemein ist zu wünschen, daß die Bestimmungen des internationalen Uebereinkommens über den Personen- und Gepäckverkehr, sowie die Ausführungsbestimmungen, sobald sie endgültig feststehen, möglichst zweckentsprechend dem Publikum zur Kenntnis gebracht werden, durch Aushang auf den Bahnhöfen und im Auszug auch in den durchgehenden Zügen.

Mitteilungen des Instituts für ausländisches Recht,

Abteilung des Centralverbandes Deutscher Industrieller in Berlin.

Das Institut für ausländisches Recht, das einen durchaus wissenschaftlichen Charakter trägt, erteilt Gutachten über die Rechtsverhältnisse des Auslandes und zählt hervorragende Juristen der verschiedenen Kulturstaaten zu seinen Mitarbeitern. Anfragen sind zu richten an die Adresse: Institut für ausländisches Recht, Abteilung des Centralverbandes Deutscher Industrieller, Berlin W, Am Karlsbad 4a.

Gesellschaftsformen nach englischem Recht.

Eine Firma, welche in England eine Gesellschaft zu gründen beabsichtigte, wandte sich mit folgenden Fragen an das Institut:

1. Ob eine Eintragung in das Firmenregister genügt?
2. Welche Gesellschaftsform wäre die zweckmäßigste: offene Handelsgesellschaft, Partner-Ship oder eine kleine Aktien-Gesellschaft; existiert vielleicht im englischen Rechte eine Gesellschaftsform ähnlich der deutschen G. m. b. H.?
3. Welche Organe sind gesetzlich vorgeschrieben, bei der Aktien-Gesellschaft, Vorstand, Aufsichtsrat, Generalversammlung usw., bei der G. m. b. H., Teilhaber-Versammlung usw.?
4. Welche Vollmachten müssen den Organen rechtlich gegeben werden, kann die Kontrolle von hier aus erfolgen, eventuell ist die Unterschrift eines hiesigen Herrn bei der Kollektiv-Prokura, wenn diese notwendig sein sollte, angängig usw.?
5. Welches Mindestkapital wäre erforderlich bei Gründung einer G. m. b. H. oder einer kleinen Aktien-Gesellschaft?
6. Sind bestimmte Vorschriften bei Gründung einer rein protokollierten Gesellschaft oder einer offenen Handelsgesellschaft erforderlich?
7. Welcher Gesellschaftsform ist der Vorzug zu geben, bzw. welche würde am wirtschaftlichsten arbeiten?
8. Wie sind die Steuerverhältnisse? Es sollen natürlich nur diejenigen Geschäfte versteuert werden, die in England tatsächlich gemacht und nicht etwa die hiesige Stammfirma mit zur Steuerpflicht herangezogen werden.

9. Welcher Kontrolle muß sich eine derartige Gesellschaft unterwerfen
   a) seitens der staatlichen, gewerbepolizeilichen und Steuerbehörden?
   b) durch eigene Kontrollinstanzen, wie z. B. Aufsichtsrat u. dergl., Besoldung dieser Kontrollinstanzen usw.?
10. Wie ist die Lage einer solchen Gesellschaft bei staatlichen oder kommunalen Bestellungen, insbesondere hinsichtlich der Fabrikation in ihrem Lande, mit anderen Worten: muß eine Fabrikation an Ort und Stelle mit der Gesellschaft notgedrungen verbunden werden?
11. Wie ist die Lage einer solchen englischen Gesellschaft gegenüber den britischen Kolonien, könnte sie dann die britischen Untertanen zustehende Meistbegünstigung mit beanspruchen?
12. Wenn die Firma ihre Patente dieser englischen Gesellschaft überträgt, wie wäre die Lage hinsichtlich der Ausübung, immer unter der Voraussetzung, daß die Patente nicht in England selbst, sondern in Deutschland ausgeführt werden, da vorläufig nicht beabsichtigt ist, eine eigene Fabrikation in England zu errichten?
13. Wie hoch sind die Gründungskosten?

Aus dem der Firma erteilten ausführlichen Gutachten sei hier folgendes hervorgehoben:

1. Das englische Recht kennt zwei verschiedene Formen von Handelsgesellschaften, von denen die „Joint Stock Companies" der Companies Acts. von 1862 und 1908 die einzigen mit Beschränkung der Haftung sind. Eine neue Gesellschaftsform nach Art der Kommanditgesellschaft ist durch die Limited Partnerships Act. von 1907 eingeführt worden. Die Eintragung beim Registrar of Joint Stock Companies setzt die Aufstellung und Einreichung des Gesellschaftsvertrages voraus und konstituiert die Gesellschaft, sobald der Registrar ein dahingehendes Zeugnis ausgestellt hat.

   Eine ausländische Gesellschaft kann nicht als englische Gesellschaft eingetragen werden. Um eingetragen zu werden, muß die Gesellschaft den Betrieb ihres Geschäfts in England beabsichtigen, obgleich sie zu gleicher Zeit im Auslande Geschäfte betreiben kann und die Mitglieder Ausländer sein dürfen, die im Auslande wohnen.

   Die Eintragung ist bei der Joint Stock Co. nur erforderlich bei einer Aktionärzahl von über 20, bei der Limited Partnership stets.

2. Die offene Handelsgesellschaft ist in verschiedenen Formen möglich. Soll keine persönliche Haftung stattfinden, so dürfte die Limited Partnership nach dem Gesetz von 1907 die zweckmäßigste Form sein (Kommanditgesellschaft oder K. G. auf Aktien), doch ist hierbei die Mitgliederzahl auf 20 (bei Bankbetrieben 10) beschränkt. Die Joint Stock Co. steht zwischen der deutschen Aktien-Gesellschaft und der G. m. b. H. und vertritt in England die Stelle beider. — Eine Form dieser ist die „Private Company", die nicht mehr als 50 Aktionäre haben darf und bei der der Weiterverkauf der Aktien nicht gestattet ist.
3. Die Organe sind bei der Joint Stock Co. nur der Board of Directors und die Generalversammlung; der Secretary ist ein bezahlter Beamter, der eventuell Gesamtprokura haben kann. Die Kontrolle wird ausgeübt durch die „Auditors", außerhalb stehende Personen (vielfach Juristen), die jedes Jahr gewählt werden und jedes Jahr die gesamten Bücher zu prüfen haben. Ihre Pflichten sind gesetzlich geregelt, auch hat das Handelsministerium ein gewisses Aufsichtsrecht. In der Limited Partnership sind die Rechtsverhältnisse ganz analog der deutschen Kommanditgesellschaft bzw. K. G. a. A.
4. Die Direktoren vertreten die Gesellschaft nach Maßgabe des Gesellschaftsvertrages. Ob eine Kontrolle von Deutschland aus möglich wäre, ist fraglich. Nach Bucklay (Company Law 1909) „the management & business must be carried on at home". Wenn eine hier eingetragene Gesellschaft „carries on no business in England", dann kann dies einen Grund bilden, sie im Register zu streichen.
5. Ein Mindestkapital scheint weder für Joint Stock Co. noch für Limited Partnership vorgeschrieben. Die Aktien können beliebig hoch sein, doch ist 2 Schilling wohl das niedrigste.
6. Besondere Vorschriften sind für die rein protokollierte Gesellschaft nicht vorhanden. Die Gesellschaften mit voller Haftung (O. H. G.) unterliegen sehr wenig gesetzlichen Vorschriften.
7. Sobald persönliche Haftung eintreten kann, dürfte die Limited Partnership am zweckmäßigsten sein. Die Limited Liability Co. (Joint Stock) kann fast der G. m. b. H. gleichgestellt werden.
8. Bezüglich der Steuerverhältnisse dürfte die englische Gesellschaft auf den gesamten Profit, den ihre Bücher am Jahresschluß zeigen, besteuert werden, ohne Rücksicht auf den Ort, wo die einzelnen Geschäfte abgeschlossen sind. Der Sekretär der Co. muß jedes Jahr an die Steuerkommission Bericht erstatten.

9. Die staatliche Kontrolle besteht nur in der Eintragungspflicht und der Publikationspflicht (bezügl. Prospekt, Bilanz usw.), sowie in der schon erwähnten (siehe 3.) Aufsicht des Board of Trade; diese Behörde kann Inspektoren ernennen, welche die Bücher einer Gesellschaft revidieren, doch findet solches so gut wie nie statt. Die gewerbliche Aufsicht bestimmt sich nach der Art des Betriebes (Factories Act. usw.).

10. Bezüglich der Kommunalbesteuerung dürften hier kaum Beschränkungen vorkommen, daß aber staatliche Bestellungen von einer Fabrikation an Ort und Stelle abhängig gemacht werden, ist bei der jetzt herrschenden Strömung (s. Patentgesetz) sehr wahrscheinlich.

11. Die Gesellschaft kann in jeder englischen Kolonie als solche Handel treiben und dürfte überall die Rechte des Meistbegünstigten genießen. Sie kann in einzelnen Kolonien zur Eintragung herangezogen werden.

12. Ueber die patentrechtliche Lage der Gesellschaft geben die Ausführungen des Berufungsgerichts im Falle „Hatschecks Patents" beste Auskunft. Auf dieses Urteil behalten wir uns vor, demnächst besonders einzugehen.

Erwerb der russischen Staatsangehörigkeit.

Eine Firma bat um Auskunft über die Voraussetzungen für den Erwerb und den Verlust der russischen Staatsangehörigkeit durch einen volljährigen preußischen Staatsangehörigen, da sie beabsichtigte, für den einen oder anderen ihrer Beamten diese Staatsangehörigkeit zu erwerben.

Es wurde der Firma folgendes erwidert:

„Die Vorschriften über den Erwerb und Verlust der russischen Staatsangehörigkeit finden sich in Kapitel III, Artikel 836, fflg. des Gesetzbuchs des Russischen Reichs 1899. Danach kann sich ein Ausländer regelmäßig nach Ablauf einer fünfjährigen Niederlassung um seine Aufnahme in die russische Staatsangehörigkeit (Untertanschaft) beim Ministerium des Innern bewerben. Nur in besonderen Fällen (Leistung von Diensten, außerordentlichen Talenten usw., aber auch für Personen, die große Kapitalien in gemeinnützigen russischen Unternehmungen angelegt haben), kann die zur Aufnahme nötige Niederlassungsfrist mit Erlaubnis des Ministers des Innern abgekürzt werden. Das Aufnahmegesuch soll enthalten 1. den Nachweis, an welchen Orten der Antragsteller während der Zeit seiner Niederlassung in Rußland gelebt, womit er sich beschäftigt hat, ferner die Zeugnisse über seine Lebensweise. 2. Die Angabe des Standes und der Gemeinde, zu welcher er sich einschreiben zu lassen wünscht oder brechtigt ist. 3. Die Bezeichnung der Stadt, wo er den Eid zu leisten wünscht. 4. Eventuell die Gründe für die eventuell begehrte Abkürzung der Niederlassungsfrist. Beizufügen sind ferner dem Gesuch die von russischen Agenten zu beglaubigenden Standesarten des Bittstellers und sein Niederlassungsnachweis in Rußland. Militärpflichtige Ausländer haben noch ein Zeugnis beizulegen, daß sie der Militärpflicht in ihrem Vaterland genügt haben oder von derselben befreit werden. Die Aufnahme erfolgt dann durch Leistung des Untertaneneides. Die Aufnahme erstreckt sich nicht auf Kinder des Aufgenommenen, die vor der Aufnahme geboren sind.

Die Entlassung aus der russischen Staatsangehörigkeit ist gesetzlich nicht geregelt. Sie erfolgt als außerordentliche Maßregel mit Kaiserlicher Genehmigung. Personen männlichen Geschlechts über 15 Jahre können nur nach Ableistung der Wehrpflicht oder erfolgter Freilosung vom aktiven Dienst aus der russischen Untertanschaft entlassen werden. Für Polen gelten hier besondere Vorschriften.

Aus dieser gesetzlichen Regelung ergibt sich schon, daß die Entlassung des Nationalen aus der Staatsangehörigkeit in Rußland jedenfalls viel schwerer ist als der Erwerb. Es kommt dabei im wesentlichen auf die guten Beziehungen desjenigen an, der seine Entlassung anstrebt.

Durch Aufnahme in die russische Staatsangehörigkeit geht die preußische resp. deutsche Staatsangehörigkeit nicht ohne weiteres ververloren. Erst nach zehnjährigem ununterbrochenen Aufenthalt im Ausland tritt der Verlust der Reichsangehörigkeit ein, wenn nicht die Eintragung in die Matrikel eines Reichskonsuls erfolgt ist."

*

Die Anfragen, die von unseren Mitgliedern an uns gerichtet worden sind und ihre Erledigung gefunden haben, betrafen u. a.: Kündigungsbestimmungen für Agenten und Vertreter nach englischem Rechte; die Erhebung von Steuern für die durch einen englischen Vertreter abgeschlossenen Geschäfte in England; Gutachten über die Rechtslage in mehreren komplizierten Rechtsstreitigkeiten in Italien, in Rußland, Holland, Bulgarien, Rumänien, Ungarn, Frankreich; Eigentumsvorbehalt an Maschinen nach russischem und nach spanischem Recht; rechtliche Bestimmuugen über die

Gesellschaften in Ungarn und in Kanada; Geltendmachung von Ansprüchen im Konkurse nach schwedischem Rechte; Schutz des geistigen Eigentums in Spanien; patentrechtliche Bestimmungen und Vorschriften über den Warenschutz in Frankreich, Spanien usw.; Ausstellung eines Zeugnisses durch den Centralverband Deutscher Industrieller für ausländische Behörden.

Ueber Industriepolitik.

Offenherzige Betrachtungen.

Von

Arnold Steimann-Bucher.

I.

Zunächst das Wort „Industriepolitik“, für das wir keinen deutschen, ebenso klaren Ausdruck finden können. Wir müssen zwei Sprachen zu Hilfe nehmen, um zu ihm zu gelangen, und sogar die beiden Gelehrtensprachen, die tot zu sein scheinen und hier wieder zeigen, wie sehr sie noch am Leben sind. Denn so lebendig wie die aus ihnen genommene Zusammensetzung kann kein deutsches Wort diesen ganz modernen Begriff umschließen. Sie weckt sofort einen weiten Kreis von Vorstellungen, von Fragen und Antworten und ist ein Schlagwort, das, sobald es ausgesprochen wird, tausend Verbindungen schlägt. Man müßte sich mit umständlichen Begriffserklärungen behelfen, wenn man das sagen wollte, was das Fremdwort kurz und bündig zum Ausdruck bringt.

Und doch ist es nur ein Schlagwort. Wohl ist es imstande, an ein weites Gebiet von Fragen des öffentlichen Lebens zu erinnern, die mit der industriellen Tätigkeit zusammenhängen. Man weiß, daß mit ihm auf die Beziehungen und Gegensätze hingewiesen werden soll, die bestehen zwischen den Interessen der einzelnen Industriegruppen unter sich, und zwischen den Interessen der Gesamtindustrie und denen der Gesamtbevölkerung und des Staates, aber auch besonderer Bevölkerungsgruppen. Aber das Wort gibt keinen Aufschluß darüber, welches die Grenzen dieses Gebietes sind, welche Fragen es in sich schließt, und welche nicht mehr in seinen Bereich gehören. Am wenigsten aber gibt es Aufschluß darüber, ob es einen festen Bestand von Lehrsätzen der Industriepolitik, einen sicheren Inhalt derselben gibt, und welche Grundsätze für sie im allgemeinen oder in Deutschland im besonderen gelten, oder ob überhaupt solche Grund-, Lehr- und Erfahrungssätze möglich sind.

Und es hat sich bereits gezeigt, daß das Schlagwort „Industriepolitik" sehr verschieden verstanden wird, je nach dem Standpunkt derjenigen, die von ihm Gebrauch machen, oder, noch mehr, die theoretisch und praktisch Industriepolitik treiben. Man kann sagen, daß es noch keinen unbestrittenen Inhalt der Industriepolitik gibt, daß vielmehr das ganze große Gebiet, auf dem sich das, was man mit Industriepolitik bezeichnet, bewegt, einen Schauplatz des Kampfes und zum größten Teil noch unversöhnter Gegensätze darstellt.

II.

Es ist ein großer Unterschied, ob man in Preußen oder in Süddeutschland industriepolitisch denkt und empfindet. In Süddeutschland wieder ist die bayerische Färbung eine andere als die badische oder die schwäbische: Ja es gibt sogar in jedem einzelnen der süddeutschen Bundesstaaten feinere und gröbere Abarten des süddeutschen Typus, je nach dem Nährboden, auf dem er wächst, und je nach den inneren und äußeren Beziehungen, die dort die einzelnen Gewerbegebiete haben. Es fehlt nicht einmal die geheime Hauspolitik einzelner starker Unternehmungen.

Aber trotz ihrer zähen Bodenwüchsigkeit treiben die Bayern, Franken und Schwaben eine gemeinschaftliche süddeutsche Industriepolitik, sind gleich mißtrauisch und widerhaarig gegen alles, was von Preußen und Berlin ausgeht, und wittern in jeder Maßregel des Nordens eine Bevormundung des Südens. Die Mainlinie hat nicht nur in der allgemeinen Politik, sondern auch in der Industriepolitik wieder eine trennende Bedeutung erlangt, und die Industriellen des Südens gehen dabei dieselben Wege wie die süddeutschen Demokraten aller Parteien und wie die sozialdemokratischen Sezessionisten, die sich vom Norden auch nicht mehr dreinreden lassen wollen.

Und auch sie werfen ihre Netze hinüber, da sie nördlich der Mainlinie, in Sachsen, Thüringen und Hessen antipreußische Industriepolitiker wissen und hier verwandten Empfindungen und kräftigen Bundesgenossen begegnen; denn der Partikularismus, der dem Deutschen von alters her im Blute steckt, ist eine leicht bewegliche Kraft und eine das deutsche Wesen tiefdurchdringende Erbsünde und freilich auch Erbtugend, die der Verführung und Führung gerne die Hand zum Bösen und Guten bietet und — ein Proteus — in allerlei Formen gibt, bald als unermüdliches Stehaufmännchen und kleiner Gernegroß, bald als ein streitsüchtiger und mißgünstiger Spießbürger, bald aber auch als kraftvoll bewußter Selbstherr und stolzer Bundesbruder. In jeder partikularistischen Strömung steckt etwas von dieser Vielgestaltigkeit, auch im industriellen Partikularismus der Gegenwart.

Aber der Norden ist darin um kein Jota besser, und man würde weit fehlen, wollte man auch nur an die Einheitlichkeit einer preußischen Industriepolitik glauben. Der Osten denkt hier anders als der Westen. Wie es eine besondere ostdeutsche Industriepolitik in Ost- und Westpreußen und Posen gibt, so gibt es eine schlesische und pommersche, und die Hansestädte haben auch schon begonnen, ihre separaten Absichten nachdrücklich durchzuführen; sie gründen eigene Industrien, sogar in Lübeck und Bremen, und haben damit ihre eigene Industriepolitik. Nicht einmal vom Westen der preußischen Monarchie kann man sagen, daß er ein in sich geschlossenes Industriegebiet mit einheitlichen Zielen wäre, denn an der Saar denkt man industriepolitisch anders als an der Ruhr, in Düsseldorf und Essen anders als an der Sieg oder in Hagen; ja die Gegensätze berühren zum Teil den innersten Lebensnerv der verschiedenen Lager.

Wenn wir also einen Blick auf die Karte Deutschlands werfen, so finden wir da ein buntscheckiges Allerlei. Nicht nur jeder Bundesstaat hat seine besondere Farbe, sondern jeden Einzelstaat überdeckt eine verwirrende industriepolitische Vielfarbigkeit.

III.

Laufen aber nicht in der Reichshauptstadt die Fäden für eine einheitliche und versöhnende Führung zusammen? Etwa in der Wilhelmstraße oder am Leipziger Platz?

Nun, an dem guten Willen der Staatssekretäre des Innern und der preußischen Handelsminister, den industriellen Teil der Reichs- und Staatspolitik nach vermittelnden Gesichtspunkten zusammenzufassen, war und ist nicht zu zweifeln. Für die Schaffung eines einheitlichen Planes hat jeder von ihnen sein Bestes eingesetzt. Aber ist denn ein großzügiger Grundplan überhaupt so leicht zu finden, wenn in der Industrie selbst keine Einigkeit besteht, wenn Deutschland nicht nur in unzählige Gruppen industrieller Interessen zerfällt, sondern außerdem die einzelnen Landesteile sich in wirtschaftlicher Fehde bekämpfen und nicht einmal über die allerersten Grundbedingungen einer deutschen Industriepolitik, weder in bezug auf die Sozialpolitik, noch die Handelspolitik oder sonstwie ein Einverständnis besteht?

Man möchte meinen, daß es in der Reichshauptstadt doch möglich sein sollte, einen Ueberblick über das Ganze zu gewinnen und wie von einer höheren Warte aus das Gemeinsame, Verbindende zu erkennen. Man könnte denken, man sei da von dem Streit der einzelnen Landesteile und ihrer Interessen und von den partikularistischen Strömungen weit genug entfernt, um die Bedeutung der einzelnen Kräfte abmessen und daraus Leitsätze, der Hansabund würde sagen „Richtlinien", für eine große einheitliche Politik schaffen zu können.

Aber Berlin ist erst recht das Verwirrende!

Denn was sich hier an wirtschaftlichen Gegensätzen aus dem Reiche zusammenfindet und sogar dahin zuspitzt, das ist ein Tohuwabohu, ein wüstes Durcheinander, in dem sich einigermaßen zurechtzufinden als eine Unmöglichkeit erscheint. Es gehört schon ein ungewöhnliches Maß von sachlichen Kenntnissen, eine seltene Urteilsfähigkeit und überdies eine vieljährige Beobachtung dazu, um auch nur theoretisch diesen Knäuel zu entwirren und die entwirrten Fäden in eine gemeinschaftliche Strömung, in eine bestimmte Richtung der Entwickelung zu bringen. Von einer tatsächlichen, praktischen Herrschaft über diesen Wirrwarr jedoch kann nicht die Rede sein. Kein Staatssekretär, kein Minister wäre hierzu imstande. Sie müssen sich vielmehr zu jeder Teilströmung eine Beziehung suchen.

Da kommt zunächst Berlin — Großberlin — als eigenes Industrie- und Wirtschaftsgebiet, das für sich neben den ohnehin bestehenden provinziellen und Landesinteressen seine eigenen industriepolitischen Schattierungen und Kuriosa hat. Man denke nur an die Nuancen Aeltestenkollegium, Börse und Berliner Handelskammer, an den Verein Berliner Kaufleute und Industrieller, an die Berliner Stadtverwaltung, an Berliner Verkehr und Elektrizität. Das ist schon ein ganzer Rattenkönig von berlinischen allgemeinen, Geschäfts- und persönlichen Interessen, fast überall mit einer scharfen politischen und wirtschaftspolitischen Abtönung in der Richtung von Freihandel, Liberalismus und Demokratie und einer starken individuellen und Rassenfärbung: Berlin W.!

Daran schließen sich die Interessenkreise der Großbanken, die sich zwar immer mehr aus dem örtlichen Bannkreis herausentwickelt haben, aber durch die politischen Ueberlieferungen und Angeborenheiten ihrer maßgebenden Leiter noch stark mit dem vorindustriellen, liberalen Berlinertum zusammenhängen. Freilich haben sie mit dem Großwerden der deutschen Industrie ihre Kreise schon lange weit darüber hinausgezogen und die Konzerne der Banken wetteifern in der Ausbreitung ihres Arbeitsfeldes durch Aufsaugung der Provinz- und Privatbanken und durch Errichtung von Zweiganstalten in den Industriebezirken. Doch hat bisher die Politik der Bankgruppen nur den einen gemeinschaftlichen Zug, daß sie alle lediglich Geschäftspolitik treiben, Geld verdienen wollen. Wer aber bei den Banken Rat über eine einheitliche Industriepolitik auch nur aus dem Gesichtspunkt des Geldmarktes und des Kredits holen wollte, der ginge leer aus. Jeder Konzern hat seine besondere Industriepolitik und diese richtet sich lediglich auf die geschäftliche Verbindung mit einzelnen Unternehmungen oder besonderen Gewerbezweigen.

Wie wenig einheitlich und klar in diesen Kreisen über Politik gedacht wird, daran ist man gelegentlich erinnert worden, wenn es sich darum handelte, neue Mittel für den Handelsvertragsverein zu schaffen. Es geschah dann nicht selten, daß leitende Persönlichkeiten, deren geschäftliche Beziehungen aufs engste mit dem Gedeihen der deutschen Industrie zusammenhängen, im Gegensatz zu dieser sich im Berliner Liberalismus und Freihändlertum betätigten. Solche Widersprüche waren und sind zum Teil noch heute nicht nur in der Behrenstraße, sondern auch in der Voßstraße und am Schinkelplatz auf der Tagesordnung, und sie werden nicht eher verschwinden, bis die Industrie, die eigentliche Nährmutter der Banken, diesen den Standpunkt einmal klar gemacht haben wird.

Solche Ungereimtheiten geben denjenigen recht, welche behaupten, es gäbe keine einheitlichen wirtschaftspolitischen Anschauungen innerhalb der führenden Gewerbezweige. Die Väter des Handelsvertragsvereins und die ihm zu Gevatter standen, haben zur Verwirrung der wirtschaftspolitischen Anschauungen zeitweise nicht wenig beigetragen, und sie tragen noch heute die Verantwortung dafür, daß durch diesen Verein und seine Ableger die politischen Wasser getrübt worden sind.

IV.

Es ist keine Bosheit, wenn in diesem Zusammenhang der Deutsche Handelstag genannt wird. Der Färbung nach schließt er sich hier unmittelbar an; denn noch unter der Herrschaft der neueren Handelskammergesetzgebung ist dem städtischen Handel in den Handelskammern ein seiner wirtschaftlichen Bedeutung nicht zukommendes Gewicht beigelegt. Das bedeutet Abhängigkeit vom städtischen wirtschaftlichen und politischen Liberalismus, aber nicht bloß vom berlinischen, wie beim Handelsvertragsverein, sondern von all den Liberalismen der deutschen Groß-, Mittel- und Kleinstädte, in welchen Handelskammern ihren Sitz haben. Es wäre schon keine ganz beneidenswerte Aufgabe, diese unter einen Hut zu bringen. Aber die Münchener Bierbrauer und Getreidehändler stehen in ihren wirtschaftlichen Anschauungen den Hamburger Reedern doch immer noch näher als den Zechen- und

Eisenwerkbesitzern, die in den rheinisch-westfälischen Handelskammern und also auch beim Handelstag mitzusprechen haben. Diese großen Gegensätze zwingen einmal zum Nichtstun, ein andermal zum Lavieren, ein drittes Mal zu Kompromissen. Zu einem ganz entschiedenen Handeln bringt es der Handelstag nicht leicht, am wenigsten in der Handelspolitik.

Dieser Zustand kommt sehr stark zum Ausdruck in der Zerklüftung der Mitgliedschaft des Handelstages in eine Anzahl von Vereinigungen sich nahestehender Handelskammern. Solcher Vereinigungen gibt es nicht weniger als 14, und jede derselben stellt wieder eine besondere Färbung in mehr als einer der grundlegenden Fragen der deutschen Wirtschaftspolitik dar. Das ergibt schon die Aufzählung dieser Vereinigungen. Es sind folgende: Vereinigung Ostdeutscher Handelskammern, Vereinigung der Posenschen und Westpreußischen amtlichen Handelsvertretungen, Ausschuß der Handelskammern des Regierungsbezirks Liegnitz, Verband Brandenburgischer Handelskammern, Verband Mitteldeutscher Handelskammern, Vereinigung Hannoverscher Handelskammern, Vereinigung von Handelskammern des Niederrheinisch-Westfälischen Industriegebietes, Vereinigung der Handelskammern des Süd-Westfälischen Industriegebietes, Vereinigung Nassauischer Handelskammern, Vereinigung Südwest-Preußischer Handelskammern, Sächsischer Handelskammertag, Vereinigung der Württembergischen Handelskammern, Badischer Handelstag, Hessischer Handelstag!

Man könnte hier dasselbe sagen, was vom industriellen Partikularismus zu sagen war; aber die Sache ist hier noch viel unklarer, verworrener, weil es sich nicht nur um Verständigungen in der Industrie handelt, sondern um unendlich viele Gegensätze und Wünsche der verschiedensten Stufen des Handels, der Spedition, des Bankwesens, der Schiffahrt, des Versicherungswesens, aller möglichen städtischen Gewerbe und daneben auch der Industrie! Eine schwere, eine unlösbare Aufgabe!

Aus der Stellung der Handelskammern und des Handelstages zu irgendeiner Frage kann daher kein Handelsminister, weder ein preußischer, noch sonst einer, auch kein Staatssekretär des Innern Schlüsse auf die in der Industrie herrschenden Anschauungen ziehen. Der Handelstag wird voraussichtlich, so lange er auf den bestehenden gesetzlichen Grundlagen der Handelskammern beruht, Rücksichten nach allen Seiten nehmen müssen; zuerst aber nach der linksliberalen Seite neigen, jedenfalls diese Seite nie beleidigen dürfen, aber auch die Industrie nicht kränken wollen, und demnach zu einer farblosen Kompromißpolitik verurteilt sein. Das eifrige und aufrichtige Bemühen seiner leitenden Männer, ihm das Vertrauen der Industrie zu gewinnen, wie es in der Vollversammlung vom 7. April 1900 und in der Ausschußsitzung vom 15. Dezember 1909 zutage getreten ist, wird darin kaum etwas ändern. Er wird auch in Zukunft industriepolitisch weder sicher orientieren, noch weniger aber führen.

Darüber kann selbst die Gunstbezeugung der höchsten Würdenträger der Reichs- und preußischen Staatsverwaltung, die die Versammlungen und Festessen des Handelstages mit ihrer Anwesenheit beehren, nicht hinwegtäuschen; da ja gerade das, was den Handelstag in seiner Bewegungsfreiheit hindert, was ihn gewissermaßen objektiv macht, ihn zu einem unverfänglichen Gastgeber stempelt. Selbst gelegentliche Seitensprünge seines Präsidenten als linksliberaler Parteimann und Freihändler in das Lager seiner britischen Freunde haben da wenig zu sagen, da ja der Handelstag Raum für alle hat, für Freihändler und Schutzzöllner, für Sozialpolitiker aller Schattierungen, für Mittelständler, Klein-, Mittel- und Großindustrielle und einige andere. Raum für alle hat die Welt! Ja, sie alle haben sogar ein gesetzlich gewährleistetes Recht auf die Nutznießung der einzelnen Kammern des gemeinschaftlichen Baues, und jeder sorgt dafür, daß sein Recht gewahrt wird. Daraus ergibt sich dann das, was man die — Diagonale nennt.

V.

Aber es fließen ja in Berlin die Fäden rein industrieller Interessenvertretungen zusammen, ganz abseits vom Handelstag. Berlin ist der Sitz zahlreicher industrieller Fachverbände und Industriesyndikate, die es für vorteilhaft gefunden haben, in der Reichshauptstadt und preußischen Residenz, in der Nähe der Reichsverwaltung und der Regierung des größten deutschen Bundesstaates, wo auch der Reichstag und der preußische Landtag sich versammeln, ihre eigenen Geschäftsräume aufzuschlagen und ihre ständige Vertretung unterzubringen. Aus rein geschäftlichen Gründen! Die Zentralisation der großen Summen dieser und anderer Interessen lockt sie, es ist ein Zusammenströmen nach dem Mittelpunkt des großen, jungen Reiches, der eben kein „Wasserkopf" ist, sondern ein Anziehungspunkt sehr leistungsfähiger, sehr kompakter und tätiger Gehirne.

Aber jeden dieser Verbände, jedes dieser Syndikate zieht zunächst sein ganz besonderes engeres Interesse dahin. Hier betreibt jedes seine separate Geschäftspolitik im strengsten Dienst der in ihm vereinigten Gewerbegruppe. Das ist sogar ihre Aufgabe und Pflicht, eine Notwendigkeit, ja es ist so gut ihre Bestimmung, für sich zu sorgen, wie es die Aufgabe einer wissenschaftlichen, einer gemeinnützigen, einer künstlerischen Vereinigung ist, für die in ihr vereinigten Interessen einzutreten. Es liegt also in der Feststellung dieser Tatsache kein Vorwurf. Im Gegenteil, je intensiver und deutlicher die Sonderinteressen zum Ausdruck gelangen, um so vollständiger wird das Bild der Gesamtinteressen, mag es auch noch so unorganisch und planlos aussehen. Das ist cura posterior, seinen Inhalt in einfache Linien und Formen zu ordnen.

Aber die Schwierigkeit, sich hier zurechtzufinden, ist groß!

Sie ist groß für die Beteiligten selbst — für die Regierung und die Politiker —, für die Theoretiker nicht minder. Aber die Vielheit der Gesichter hat auch ihre Vorteile für diese alle, und je weniger es möglich erscheint, ein einheitliches, abgeklärtes Bild zu gewinnen, ein um so leichteres Spiel haben die Künste, die es verstehen, im Trüben zu fischen. Auch das soll kein Vorwurf sein, nach keiner Richtung! Weder gegenüber den Regierenden, noch den Regierten, weder den einzelnen Interessengruppen gegenüber noch ihren Führern, d. h. gegenüber einzelnen Persönlichkeiten.

Denn aus dem Trüben kommt das Klare! Aus dem trüben Most der Wein!

VI.

Κινεῖται καὶ ῥεῖ τὰ πάντα!

Alles bewegt sich und ist im Fluß! Die einzelnen und die Körperschaften, die sie bilden, wissen nicht oder — wenn sie es wissen — sind sich nicht immer bewußt, daß, was sie auch tun mögen, sie stetsfort unter Entwickelungsgesetzen handeln, denen jede ihrer Taten untertan ist, und daß sie so, wie sie wirken, wirken müssen. Sie befinden sich im Flusse aller Dinge, und zwar an der Stelle, in die sie gebannt sind. Selbst die scheinbar vollständig eigenmächtige und unabhängige, dem persönlichsten Triebe entspringende Handlung des einzelnen unterliegt der Gesetzmäßigkeit des Ganzen, den Gesetzen der Entwickelung zu vollkommeneren Formen der menschlichen Gesellschaft. Die Pessimisten, welche daran nicht glauben, vermögen nur nicht aus der Vielheit der Einzelerscheinungen die gemeinschaftlichen Züge, die einheitliche Richtung zu erkennen. Sie überschätzen das eine, unterschätzen das andere, übersehen dieses und jenes, meistens sogar die Hauptsache. Sie lassen sich entmutigen, weil der Strom in einer ihnen unsympathischen Richtung zu gehen scheint, und verzweifeln an dem Glauben an eine glückliche Lösung, weil heute noch scheinbar so unversöhnliche Gegensätze von Hauptrichtungen der Entwickelung bestehen, wie die demokratische oder gar sozialdemokratische — und die aristokratische.

Das ist die Ungeduld der Lebenden! Die Ungeduld eines Geschlechts, dem es zu gut geht, als daß es die Gunst des Schicksals erfassen könnte, die ihm durch die Einordnung in die Strömung, den Entwickelungsfluß des 19. und 20. Jahrhunderts christlicher Zeitrechnung erwiesen ist. Wir ungeduldigen Gegenwartsmenschen, die in der überfließenden Fülle der uns umgebenden neuen Erscheinungen nicht einmal Muße und Sammlung genug finden, um wirklich gerechte Vergleiche unserer Zeit mit den früheren Glanzepochen der uns bekannten Menschheitsgeschichte anstellen zu können.

Was haben wir erlebt in der kurzen Spanne von wenigen Jahrzehnten, die ein Augenblick sind im Vergleich zu der vorausgegangenen Menschheitsgeschichte; — und diese Jahrzehnte finden in ihr nicht ihresgleichen. Man muß diesen Maßstab einschieben, damit Pessimisten nicht verzweifeln, weil ihnen so vieles mißfällt, dem einen das Persönliche, Eigennützige der Träger der heutigen Bewegung, dem anderen das Demokratische derselben.

Man kann der Ansicht sein, daß das Persönliche, der Egoismus, zu stark vorherrscht, oder daß die reine Demokratie, die Ueberhastung der Gesetzgebung und die soziale Verwöhnung zum Verderben führen, wenn sie Allherrscher werden; aber man kann auch der Meinung sein, daß diese Dinge da sind, weil wir durch sie hindurch müssen und daß wir sie überwinden werden, wenn sie unserer Entwickelung im Wege stehen. Ihr Dasein beweist, daß sie für unsere Höherentwickelung jetzt notwendig sind. Ob sie notwendig bleiben werden, das werden wir oder spätere sehen.

VII.

Also das Persönliche brauchen wir jetzt! Es bedeutet die Entfesselung von Kräften, nicht nur von Geisteskraft, sondern auch von wirtschaftlichen Kräften. Ja, dem freieren Spiel der Persönlichkeit verdanken wir den größten Teil der Errungenschaften des letzten und des laufenden Jahrhunderts gerade auf wirtschaftlichem Gebiete. Dieses freie Spiel braucht nicht Zügellosigkeit zu sein, darf es nicht, kann es auch auf die Dauer nicht sein.

Trotzdem oder vielmehr gerade deswegen wird man sich über die Grenzen des Persönlichen immer auseinandersetzen, immer streiten. Jetzt um so mehr, je stärker es hervortritt.

In aller Politik spielt es eine große Rolle; denn durch die Persönlichkeiten macht sich die Zeit und ihr Geist geltend; die Personenfrage ist eine Haupt- und Grundfrage aller Entwickelung, also auch des industriellen Fortschrittes und der Industriepolitik.

Man behauptet nun aber, daß gerade die Personenfrage der Sammlung auf eine einheitliche, im allgemeinen Interesse gedachte Industriepolitik hindernd im Wege stehe. Man hört darüber klagen, daß es vielfach bei den Verbänden, die bestimmt sind, die Industriepolitik zu beeinflussen, weniger darauf abgesehen sei, dem betreffenden Verbande oder der betreffenden Industriegruppe Einfluß zu verschaffen, als einer Persönlichkeit, dem Vorsitzenden oder dem Geschäftsführer. Es wird auch über die geschäftsmäßige Ausbeutung des Vereinswesens geklagt, über die Anhäufung mehrerer Verbände oder von Verbänden, Handelskammern und Berufsgenossenschaften in einer Hand. Industrielle beschweren sich darüber, daß die Generalsekretäre mancher Verbände mächtiger und einflußreicher sind als deren Ausschuß; man äußerte Bedenken darüber, daß sich unter der Führung einzelner Generalsekretäre in Berlin, oder draußen in der Provinz, oder in den Einzelstaaten, Oberherrschaften gebildet haben, die den Zusammenhang der deutschen Industrie gefährden, denen an ihrer persönlichen Machtfülle mehr liegt, als am Ganzen der deutschen Volkswirtschaft, denen ein engerer Zusammenhang, eine Einordnung in die gemeinschaftliche Interessenvertretung schwer wird, oder die in derselben einen unverhältnismäßigen Einfluß beanspruchen. Man hört Klagen darüber, daß die einzelnen Verbände zum Schaden des Ganzen oft auf eigene Faust in bedeutungsvollen Fragen des allgemeinen Interesses öffentlich Stellung nehmen, ohne sich mit den anderen Verbänden und deren Zentrale ins Einvernehmen gesetzt zu haben, und beschuldigt dann die betreffenden Vorstände oder Generalsekretäre ehrgeiziger Handlungsweise oder der Eigenbrödelei. Man bezeichnet es ferner als einen Uebelstand, daß unter der Geschäftsführung einzelner Generalsekretäre Verbände von Gewerbezweigen stehen, die entweder gar nichts miteinander zu tun haben, oder deren Interessen miteinander kollidieren. In ersterem Falle sieht man in der Kumulierung von Verbänden die Gefahr, daß eine Persönlichkeit so viele verschiedene Interessen nicht mehr sachgemäß überblicken und bearbeiten kann, daß also entweder einzelne oder alle Verbände unter dieser Komulierung leiden; im zweiten Falle glaubt man, daß der gemeinschaftliche Geschäftsführer Gefahr läuft, der parteiischen Wahrnehmung der Interessen der einzelnen Verbände beschuldigt zu werden.

In diesen und ähnlichen Vorwürfen ist Wahres und Falsches vermischt. Es sind unleugbare Mißstände vorhanden, nur ist es eine große Einseitigkeit, wenn man deren Quelle ausschließlich in der Personenfrage sucht und Ehrgeiz, Herrsch- und Gewinnsucht als die Uebeltäter bezeichnet. Sie spielen freilich eine große Rolle im Vereinswesen und üben ihre Wirkung aus auf das große Gebiet der Industriepolitik, aber sie sind doch nur Begleiterscheinungen alles Vereinswesens, und nicht des Vereinswesens allein, sondern aller Politik, ja, sie gehören nicht einmal zu deren schlechtesten Seiten, wenn es gelingt, sie dem öffentlichen Leben dienstbar zu machen, statt daß Vereinswesen und Politik ihnen dienstbar wird.

VIII.

Und auch die „Demokratie" scheinen wir notwendig zu haben. Wir stecken sogar mehr in ihr, als man gewöhnlich denkt. Das freie Vereinswesen ist nämlich nichts anderes als ein Stück Demokratie, und die Demokratie ist in Wahrheit keine Volksherrschaft, sondern eine Summe von Einzelherrschaften, gleichgültig, ob wir es mit der Politik oder mit dem Vereinswesen der unteren oder oberen Volksschichten zu tun haben, ob es sich um die Organisation der politischen Parteien, um Kunst oder Wissenschaft, um Bauern oder Großgrundbesitzer, um Gastwirte oder Geistliche, Angestellte oder Lehrer, Arbeiter oder Unternehmer handelt.

Vereinswesen und Vereinsrecht gehören zu den Grundlagen des modernen öffentlichen Lebens, und das bedeutet eben, daß die Demokratie es durchdringt. Die Vereinsfreiheit ist eines der sogenannten „Menschheitsrechte", wie Gewerbefreiheit und Wahlrecht. Diese Rechte hängen sogar aufs innigste zusammen. Sie sind nicht die letzte Weisheit! Keineswegs! Aber — sie sind da, und wir müssen mit ihnen rechnen, ihnen scharf ins Gesicht sehen!

Wir werden erkennen, daß es immer die Persönlichkeit, der Einzelmensch ist, der sich in der Demokratie zur Geltung zu bringen sucht, der die Demokratie für sich in Anspruch nimmt, und daß anderseits die Demokratie sich des einzelnen bedient, um sich geltend zu machen. Dieses Spiel der beiderseitigen Herrschsucht müssen wir verfolgen, um die wahrscheinliche Wirkung desselben vorauszusehen. Wir werden vielleicht zu dem Schluß kommen, daß die reine Demokratie, die eigentliche Volksherrschaft, wie sie nie dauernd war, auch nie möglich sein wird, daß wir vielmehr andere Wege gehen. Das ist das Tröstliche!

Vereinsrecht, Gewerbefreiheit und Wahlrecht gehen von der theoretischen Voraussetzung aus, daß das Volk mündig und fähig ist, an der Verwaltung des Staates unmittelbar teilzunehmen und die Verwaltung seiner eigenen Angelegenheiten zu besorgen. Damit verbindet sich die Vorstellung von einer einheitlichen Volksmasse, der Gesamtheit der Staatsbürger. Im Reichstagswahlrecht kommt diese Vorstellung dann zum reinsten Ausdruck.

Aber schon bei der Durchführung des Vereinsrechts und der Gewerbefreiheit mischt sich das soziale Bewußtsein ein, daß diese Masse doch nicht ein Gleichartiges ist, sich vielmehr in eine große Reihe von Interessengruppen gliedert, die jede für sich von diesen Rechten Gebrauch machen.

Da klafft also eine gewaltige Kluft!

Auf der einen Seite: Volksmasse — allgemeines gleiches Wahlrecht — Wahlgeometrie!

Auf der anderen Seite: Volks- und Berufsgliederung — Vereinsrecht — Interessenorganisation!

Und die Folge: Unter der Herrschaft dieser unter sich so widerspruchsvollen „Freiheiten" haben sich bei uns sozusagen zwei Leben nebeneinander entwickelt, das politische und das gewerbliche, wirtschaftliche Leben.

Das eine, das politische, gestaltet sich so: Das Reichstagswahlrecht wertet jede Stimme gleich. Die Politik der Parteien muß daher darauf gerichtet sein, die Massen zu gewinnen. Der politische Kampf ist der Kampf der Parteien um die Wählermassen. Dazu dienen alle Mittel der Demagogie: Schlagworte, Hervorhebung der Klassenunterschiede, Verhetzung der verschiedenen Volksschichten gegeneinander und dergleichen. (Rudolf Bartels hat ein wunderschönes „Lehrbuch der Demagogik" geschrieben, voll Hohn und Satire.) Die Wirkung dieses Wettbewerbes ist die politische Trennung des Volkes in Klassen, das Liebäugeln der Partien mit den Massen und die Zurücksetzung derjenigen Volksteile, die vermöge ihrer geringen Wählerzahl als quantité négligeable gelten, wie die Unternehmer und die höher Gebildeten. Die feinere Gliederung des Volkes in Berufe und nach Qualitäten wird durch das politische Leben völlig verwischt. Erst in letzter Zeit dämmert es den Politikern, daß die qualité nicht négligeable ist und sie erfinden bei der Reform des preußischen Wahlrechts den schwerfälligen, unbehilflichen Begriff der „Kulturträger"!

Im Gegensatz zum politischen hat sich das gewerbliche Leben unendlich reich und vielgestaltig entwickelt. Was in den letzten Jahrzehnten unter dem Einfluß der Entdeckungen und Erfindungen neu geschaffen worden ist, das hat die Unternehmer so vollständig in Anspruch genommen, daß sie anderen Dingen, namentlich der Politik, keine Aufmerksamkeit zuwenden konnten. Sie überließen diese anderen Leuten, mit denen sie kaum Berührung hatten, die sie auch nicht beeinflussen konnten. Es hat sich im gewerblichen Leben in dieser in hohem Grade fruchtbaren Zeit das vollzogen, was auf dem Gebiete der Wissenschaften aller Zweige zutage getreten ist: eine gewisse Einseitigkeit, ein Sichverlieren in Spezialitäten, in das engere Fachwissen. Das war nicht einmal eine Schwäche, vielmehr die größte Stärke dieser Entwickelung. Nur durch dieses Vertiefen sehr vieler Fachleute in eng umgrenzte Gebiete wurde es möglich, auf jedem Gebiet, in jedem Fach so viel zu leisten und dadurch eine so große Gesamtentwickelung zu erzielen.

Diese Spezialisierung in Gewerbebetrieb und Technik hat sich in das Vereinswesen übertragen. Es wurde eine gewaltige Zahl von Fachvereinen gegründet, die allmählich ältere Verbände, die noch in der Zeit der einfacheren wirtschaftlichen Arbeit das Licht der Welt erblickten und mehr die allgemein wirtschaftlichen Interessen zu vertreten suchten, in den Hintergrund drängten. Das eigentliche Lebensinteresse der Unternehmer beschränkte sich so immer mehr auf ihren eigenen Geschäftsbetrieb und die Fachverbände. Nur eine verhältnismäßig kleine Zahl griff unter dem Zwang ihrer Führerstellung oder aus Einsicht und Neigung über das engere Interesse hinaus, beteiligte sich am öffentlichen Leben und stützte die allgemein wirtschaftlichen Verbände, die sie als unentbehrlich für die Aufrechterhaltung notdürftiger Beziehungen zum politischen Leben betrachteten.

Die nächstliegende Folge dieser Entwickelung war aber nicht nur jene Entfremdung dem politischen Leben gegenüber, sondern auch eine tiefgehende chaotische Zersplitterung der Industrie und des ganzen Wirtschaftslebens in zahllose Einzelinteressen, die nun von den politischen Parteien leicht gegeneinander ausgespielt werden konnten und auch innerhalb der Gewerbekreise zu unklaren, oft absichtlich, oft unabsichtlich geschürten Gegensätzen führten. Dadurch hat die Industrie nach außen, im politischen Leben namentlich, nicht den ihr gebührenden Einfluß zu erringen vermocht. Trotz ihrer inneren Kraft ist sie politisch schwach.

Nun hat sich in den letzten Jahren wie auf dem Gebiet der Wissenschaften, und im übrigen auf allen menschlichen Arbeitsgebieten, so auch in der Industrie das Bedürfnis nach organischem Zusammenschluß, nach Beherrschung der Zusammenhänge der zersplitterten Fachgebiete immer mehr hervorgedrängt und geltend gemacht. Ueberall erwartet man von dieser Annäherung und Einordnung der Einzelgebiete in zusammenhängende Organismen eine Stärkung des Einflusses auch der Einzelgebiete und — was noch wichtiger ist — die gegenseitige Befruchtung dieser Gebiete und nun erst die große Gesamtwirkung des neu verbundenen Ganzen.

Etwas elementar und zumeist auch mit Uebertreibungen bemühen sich die Kongresse der Philosophen und Psychologen, der Historiker, der Philologen, Naturforscher, sogar die Hochschullehrer als solche und noch viele andere, z. B. die Kathedersozialisten, den Boden für Gemeinschaftsarbeit zu schaffen, mitunter wie bei letzteren, in der Erkenntnis und Furcht, es möchte sonst das wirtschaftliche Leben ihnen über den Kopf wachsen. Kompendien des allgemeinen Wissens werden in Angriff genommen; es entsteht ein Betrieb der Kongresse, der vielfach noch etwas unsicher Tastendes hat. Wer sie aber verfolgt, der kann nicht leugnen, daß deren Inszenierung sich allmählich verbessert, daß sie Erfahrungen gesammelt haben, wie sie ihrem Ziele sich nähern können.

In der Industrie sind ähnliche Vorgänge zutage getreten. Die Einsicht gewinnt hier an Boden, daß etwas geschehen müsse, um den Interessen der Gesamtindustrie dem öffentlichen Leben, der Politik gegenüber den ihnen gebührenden Einfluß zu verschaffen. Diese Einsicht breitet sich aus. Das, was man I n d u s t r i e p o l i t i k nennt, beschäftigt die industriellen Kreise mehr als je.

Wir scheinen also an dem Punkte angelangt zu sein, wo das Vereinswesen, die Organisation der Berufe den Kampf mit dem Parlamentarismus des allgemeinen und gleichen Wahlrechts mit der größten Energie aufnimmt, wo der Widerspruch zwischen beiden, entweder durch einen Ausgleich zwischen ihnen oder durch die Zurückdrängung des Schwächeren, gelöst wird. Daß dies so ist, dafür spricht auch, wie die politischen Parteien sich in die Verteidigungsstellung begeben haben und suchen, jede für sich, in Industriepolitik zu machen.

IX.

Es hat seine guten Gründe, warum die politischen Parteien in letzter Zeit einen so lebhaften Wetteifer auf dem Gebiete der Industriepolitik zu entfalten begonnen haben. Das p o l i t i s c h e L e b e n, die parlamentarische Tätigkeit war von Anfang an ausgefüllt mit den Kämpfen um die „Menschheitsrechte“, um die Frage, ob die liberale oder konservative Weltanschauung herrschen solle, um Fragen des Kulturkampfes, der Religion und Schule, um Etatsbewilligungen, um die Probleme der Landesverteidigung, der Gewerbe- und Handelsfreiheit, des Vereins- und Versammlungsrechts, und lange, viel zu lange Zeit wurden die eigentlich wirtschaftlichen Fragen lediglich aus dem Gesichtspunkt der Parteiprogramme besprochen und erledigt. Die wirtschaftlichen Interessenkreise hatten dazu sehr wenig zu sagen, kamen nur durch das Sprachrohr der Parteien zum Wort und mußten sich damit begnügen, sich durch Eingaben an die Behörden und Parlamente zur Geltung zu bringen; es liegt noch heute durchaus in dem Belieben der Regierungen, in welchem Umfang die Industrie und die anderen Erwerbsgruppen über ihre Wünsche und Ansichten gehört werden. Selbst in den Fällen, wo einzelnen Berufsständen gesetzlich gewährleistete Berufsorganisationen eingeräumt wurden, wie die Handels-, Landwirtschafts-, Handwerkerkammern, die Eisenbahnräte und dergl., sind ihnen zwar gewisse Rechte der Begutachtung zuerkannt worden, aber weder Behörden noch Parlamente haben sich bisher daran gewöhnen können, diese gesetzlichen Interessenvertretungen der ihnen zukommenden Bedeutung für das wirtschaftliche Leben entsprechend in Anspruch zu nehmen. Die freien Berufsorganisationen, die wirtschaftlichen Vereine sind vollends auf das Wohlwollen der Organe der Gesetzgebung und Verwaltung angewiesen.

Auf einem großen Gebiete, das tief in die Tätigkeit aller Berufsstände eingreift und für deren weitere Entwickelung entscheidend ist, auf dem der Sozialpolitik, die im wesentlichen Reichssache ist, herrscht noch heute das politische Parteiinteresse. Nicht das wirtschaftliche Gesamtinteresse des deutschen Volkes ist für die Parteien ausschlaggebend. Obwohl die Reichstagsmitglieder nach dem Artikel 29 der Reichsverfassung als Vertreter des gesamten Volkes an Aufträge und Instruktionen und an Weisungen, sogenannte imperative Mandate, seitens der Wähler nicht gebunden sind, erhalten die Abgeordneten von den Parteileitungen und Parteiversammlungen Vorschriften für ihre grundsätzliche Stellung, ja, für ihre Haltung bestimmten Gesetzesvorlagen gegenüber durch allgemeine Parteiprogramme und Parteibeschlüsse. Die Reichstagsabgeordneten sind deshalb nicht mehr Vertreter des gesamten Volkes, sondern durchaus verfassungswidrig Vertreter ihrer Parteien, und selbst diejenigen Abgeordneten, die sich noch gern als unabhängig gebärden möchten, laden sich selbst bei irgendeiner Partei zu Gaste ein, sind Hospitanten einer Partei, weil sie mit ihrer Selbstherrlichkeit nichts anfangen können. Die Verfassungswidrigkeit dieses Zustandes wird offen bekannt, aber noch nie ist ein Reichstagsbeschluß wegen seiner Verfassungswidrigkeit angezweifelt worden. Das imperative Mandat der Parteien beherrscht also die Reichsgesetzgebung.

So ist in erster Linie die Sozialpolitik der Kampfplatz der Parteien geworden; hier werben sie demagogisch um die einzelnen Gruppen der Wählermassen, jede in ihrer Art; keine macht eine Ausnahme, weder die linken, noch die mittleren, noch die Parteien der Rechten.

Die Kenntnis dieser Verhältnisse ist Gemeingut geworden. Die Parteien sind sich darüber so klar, wie diejenigen, die außerhalb aller Parteien stehen.

Das **Reichstags-Wahlrecht ist damit ad absurdum geführt.** Auch das wissen die Parteien. Sie wissen, daß sie in einer Zwangslage sind, daß sie nicht anders können, daß das gleiche und allgemeine Wahlrecht sie der Herrschaft der Masse ausgeliefert hat, daß sie nicht mehr sachlich kämpfen, nicht mehr um die zweckmäßigste Gesetzgebung, sondern um die Zahl der Wähler, daß sie also wider ihren Willen dazu verurteilt sind, alles und jedes, was sie auch tun mögen, ausschließlich aus der Erwägung tun zu müssen, wie sie ihre bisherigen Wähler befriedigen und neue Wähler gewinnen, und daß sie in diesem Tun nur dann Erfolg haben können, wenn sie den Massen viel versprechen, aber nicht nur versprechen, sondern auch in der Gesetzgebung sichern, ohne Rücksicht darauf, ob die so geschaffenen Zustände auf die Dauer haltbar sind.

Diejenigen Parteien nun, welche sich neben dieser Sorge um die Wähler als Wähler noch ein ernstes politisches Gewissen, ein vaterländisches Empfinden, das Bewußtsein einer Verantwortung vor der Geschichte bewahrt haben, fangen an einzusehen, daß es so nicht weiter geht, daß sie, und mit ihnen der Staat, die Gesamtheit der Staatsbürger vor dem Abgrund stehen, daß es anders werden muß: Das Parteileben steht vor einer ernsten Krisis!

Und daß diese Einsicht die Oberhand gewinnen konnte, dazu sind die staatserhaltenden, die Parteien der maßvollen Entwickelung, der vermittelnden Uebergänge, weniger durch eigene Erkenntnis gelangt, als dadurch, daß die Erwerbsstände sich zu rühren angefangen haben, und zwar mit so elementarer Gewalt, daß den Parlamentariern, den Parteiführern, angesichts der bevorstehenden Reichstagswahlen angst und bange wird. Kein Parteiführer hat in letzter Zeit diesem Angstgefühl offener Ausdruck verliehen, als der Führer der Nationalliberalen, der Abgeordnete Bassermann, der in den letzten Tagen in nationalliberalen Zeitungen die „neuen Aufgaben des Liberalismus“ skizziert hat. Er sieht plötzlich wirtschaftliche und Berufsorganisationen wie Pilze aus der Erde schießen, nennt sie in ihrer Art vortreffliche Organisationen, befürchtet aber, daß die politischen Parteien die Zeche dieses Werdeganges zu bezahlen haben werden. Deshalb ist er flugs bei der Hand und bezeichnet es als Aufgabe des Liberalismus, in enge Fühlung mit den Berufsorganisationen der produktiven Stände zu treten.

Aber nur gemach, Herr Abgeordneter! Weder sind die Berufsorganisationen Schöpfungen von heute oder gestern, noch kommt es denselben darauf an, sich einer der werbenden Parteien zu verschreiben.

Die Sache muß vielmehr gründlicher gemacht werden.

Das Werben der Parteien ist für die Berufsstände nur ein Symptom, eine Mahnung an ihr Selbstbewußtsein und ihre Kraft. Sie werden nun erwägen, wie sie dieser Kraft am wirksamsten Ausdruck verleihen, nicht nur gelegentlich der nächsten Reichstagswahlen, sondern dauernd, für die Zukunft. Sie wollen zeigen, daß sie nicht nur wegen ihrer Geldmittel für die Wahlen in Betracht kommen, vielmehr bessere Gründe haben, um hinfort nicht nur dieser oder jener Partei, sondern allen Parteien und auch der Reichs- und Staatsverwaltung gegenüber als Macht zu gelten.

Sie werden zeigen, daß es die Organisation, die Sammlung und Ordnung ihrer noch zersplitterten Kräfte ist, welche ihnen diese Macht verleiht. Die Industrie insbesondere wird als mächtigstes Glied der Berufsstände sich darüber klar machen, welches die bisherigen Sammelpunkte ihrer Organisation sind und wie sie dieselben weiter ausbauen kann.

X.

Wenn auch die Zahl der eigentlich industriellen Interessenorganisationen groß ist und deren Aufgaben sich ins Unendliche verzweigen, wenn auch Gruppen- und Sonderinteressen, Partikularismus und Lokalpatriotismus eine Vereinigung derselben unter einer gemeinschaftlichen Hauptorganisation erschweren und bisher noch verhindert haben, so haben sich doch im Laufe der Zeit einige Mittelpunkte, einige größere Gemeinschaftsverbände gebildet, um die sich die Industriellen sammeln. Als solche sind in erster Linie der im Jahre 1876 gegründete „Centralverband Deutscher Industrieller zur Förderung und Wahrung nationaler Arbeit“ und der im Jahre 1895 ins Leben getretene „Bund der Industriellen“ zu nennen.

Man könnte hier eine Geschichte dieser Verbände, von denen der erste auf eine 34jährige Geschichte zurückblickt, während der zweite anderthalb Jahrzehnte zählt, einfügen; aber diese Geschichte ist bereits geschrieben, und wer über Industriepolitik mitsprechen will, der müßte sie kennen. Auch kommt es hier weniger darauf an, wie diese Verbände zu dem geworden sind, was sie heute darstellen, als auf das, was sie heute tatsächlich sind. Darüber, ob die Spaltung der Industrie in diese beiden Hauptgruppen notwendig war, gibt dann auch die Schilderung ihres Wesens Aufschluß.

Im vornherein sei gesagt: die Trennung war sachlich nicht notwendig, die grundsätzlichen Gegensätze sind nicht so tief, daß sie nicht hätten überbrückt und die Einheit einer industriellen Gesamtvertretung nicht hätte erzielt werden können. Und noch heute bilden sie keinen Hinderungsgrund für eine nachträgliche Vereinigung. Aber auch hier, wie überall in menschlichen Dingen: Mißverständnisse, Mangel an gutem Willen, Unklarheiten und Persönliches traten hemmend in den Weg.

Dies den Politikern, die glauben, es bestehen zwei industrielle Richtungen, die sie gegeneinander ausspielen können.

Dies auch den Herren vom Bund der Industriellen, die sich und anderen immer und bei jeder Gelegenheit glauben machen wollen, sie seien etwas ganz Besonderes in der deutschen Industrie.

Dies auch Herrn Dr. Stresemann, der glaubt, daß dieses Nebeneinanderbestehen der beiden Organisationen nicht als eine Gefahr für die deutsche Industrie zu gelten habe, vielmehr ersprießlich für sie sei.

Eine kurze Betrachtung der beiden Verbände tut wieder einmal not.

XI.

Der „Centralverband" vereinigt in sich 193 körperschaftliche Mitglieder, die in folgende Gruppen zerfallen:

20	Vereine zur Wahrung allgemeiner industrieller Interessen,	
29	Handels- und Gewerbekammern,	
7	Berufsgenossenschaften,	
25	Vereinigungen der	Bergbauindustrie,
20	„ „	Eisenindustrie,
8	„ „	Maschinenindustrie,
11	„ „	Metallindustrie,
28	„ „	Industrie der Steine und Erden,
22	„ „	Textilindustrie,
3	„ „	Papierindustrie,
6	„ „	Nahrungs- und Genußmittelindustrie,
10	„ „	chemischen Industrie,
4	„	verschiedener Industrien.

Alle diese Verbände sind dem „Centralverband" unmittelbar angeschlossen, weder ihre Unterverbände, noch ihre Einzelmitglieder sind dabei berücksichtigt.

Zählt man beim „Bund“ in gleicher Art, also nur die ihm angeschlossenen Hauptverbände, ohne die Unterverbände und Ortsgruppen, und ohne die Einzelmitglieder, die ja auch immer wieder Mitglieder der Unterverbände sind, so kommt man auf 48 Verbände, die sich auf die einzelnen Gruppen verteilen wie folgt:

14	Vereine zur Wahrung allgemeiner industrieller Interessen,
2	Handelskammern,
0	Berufsgenossenschaften,
0	Vereinigungen der Bergbauindustrie,
2	„ „ Eisenindustrie,
0	„ „ Maschinenindustrie,
7	„ „ Metallindustrie,
4	„ „ Industrie der Steine und Erden,
0	„ „ Textilindustrie,
1	„ „ Papierindustrie,
11	„ „ Nahrungs- und Genußmittelindustrie,
3	„ „ chemischen Industrie,
4	„ verschiedener Industrien.

Für das einzelne dieser Mitgliedschaft ist auf die Darstellung in Nr. 18 (1909) der „Deutschen Industrie-Zeitung“ zu verweisen, sowie auf die regelmäßige Mitteilung der Mitgliederliste in den Organen der beiden Hauptverbände. In Nr. 18 (1909) der „Deutschen Industrie-Zeitung“ ist auch die Begründung gegeben, warum nur auf der vorstehenden Grundlage ein gerechter Vergleich möglich und es unzulässig ist, die Unterverbände und Ortsgruppen der bereits gezählten Landesverbände nochmals zu zählen.

Der Vergleich beweist ganz allgemein, was übrigens nicht bestritten ist, ein ganz ungeheures Uebergewicht der im „Centralverband“ vereinigten Interessen. Seine Mitgliedschaft setzt sich zusammen aus den Vertretungen der allermeisten Industriezweige Deutschlands, beginnend mit den unteren Stufen der Rohstoffgewinnung und sich fortsetzend durch alle Erzeugungs- und Verfeinerungsstufen, bis hinauf zu den letzten Fertigindustrien. Eine ganze Reihe dieser letzteren ist durch deren Spezialverbände im „Centralverband“ vertreten.

Beim „Bund“ fehlen die unteren Stufen der Gütererzeugung fast durchwegs; aber auch die ganz Deutschland umfassenden Spezialverbände der Fertigindustrien sind in ihm nur spärlich vertreten. Nur dadurch, daß dem „Bund“ einige „Landesverbände“, wie der sächsische und thüringische und einige örtliche Fabrikantenvereine angeschlossen sind, kommt die Fertigindustrie der betreffenden Industriegebiete zu größerer Vertretung im „Bund". Aber er ist nicht einmal hierin dem „Centralverband" ebenbürtig, geschweige denn überlegen. Denn auch der „Centralverband" ist eine Vereinigung von Landesverbänden, die alle Industrien der betreffenden Landesteile in sich schließen. Ihm gehören sogar einige der allerwichtigsten Landesverbände an, wie der rheinisch-westfälische, der mittelrheinische, der bergische, der elsaß-lothringische, der an der Saar, der hannoversche, der anhaltische, der ostdeutsche und der bayerische. In diesen sämtlichen Landesverbänden sind die verschiedensten Erzeugungsstufen vertreten, und zwar seit vielen Jahren, und ihre Mitglieder würden, wenn sie im „Centralverband" ihre Interessen nicht vertreten sehen würden, sich gegen eine solche Benachteiligung auflehnen.

Mit der Legende, daß der „Bund" die Vereinigung für die Fertigindustrien und die Landesverbände (was übrigens in sich schon ein Widerspruch wäre) seiu soll, ist es also nichts.

Was Dr. Stresemann hierüber in der „Sächsischen Industrie" (Nr. 12, 1910) geltend macht, und was ihm Dr. Hugo Böttger in seiner neuen Schrift „Die Industrie und der Staat" (Tübingen 1910, S. 113 u. ff.) nachspricht, trifft nicht zu. So gut, ja noch mehr als der „Bund" ist der „Centralverband" die Vereinigung für Fertigindustrie und Landesverbände, aber er ist auch die Vereinigung aller übrigen Gruppen. Damit widerlegt sich zugleich die Anschauung Dr. Stresemanns, daß die deutsche Industrie sich in ihrer tausendfachen Vielgestaltigkeit, die durch die beinahe gleiche Zahl von Positionen des deutschen Zolltarifs genügend gekennzeichnet werde, nicht derartig unter einen Hut bringen lasse, daß eine einzige große Zentralstelle oder ein einziger „Centralverband" sie alle in sich umfassen könnte („Sächsische Industrie" Nr. 12, S. 186).

Auch das Ziehen einer geographischen Scheidelinie, das Dr. Stresemann in seiner am 12. April 1907 im Reichstage gehaltenen Rede versuchte, geht nicht an, aus den gleichen Gründen. Wie kann man nur die Grundfragen der deutschen Industrie durch die Gegensätze von Sachsen und Rheinland-Westfalen charakterisieren wollen!

Es wird zum gegenseitigen Verständnis und zur Verständigung beitragen, wenn einmal die beiderseitigen Arbeitsleistungen verglichen werden.

Der „Bund" tut sich darauf etwas zugute, daß er für die reinen Walzwerke und die Weißblech verarbeitenden Industrien eingetreten ist. Er wollte damit dem „Centralverband" eine Lehre geben. Was hat er aber damit erreicht? Können diese Fragen bloß durch Verschärfung der Gegensätze gelöst werden?

Er tut sich auch darauf etwas zugute, daß einzelne seiner Landesverbände beim Kohlensyndikat etwas erreicht haben. Weiß er, wie viel von diesem Erfolg er dem vertraulichen Eingreifen des „Centralverbandes" zu danken hat?

Es wird dem „Bund" von seinen Freunden angerühmt, er vertrete die Interessen der Exportindustrie, während der „Centralverband" das Hauptgewicht auf das inländische Absatzgebiet zum Nutzen der schweren Industrie lege.

Der „Bund" will der Industrie durch seine Tätigkeit auf dem Gebiete der Feuerversicherung große Dienste geleistet haben, sei es unmittelbar, sei es durch seine Verbindung mit dem Feuerversicherungs-Schutzverband. Der „Centralverband" aber habe die Interessen der Industrie in dieser Richtung nicht nur vernachlässigt, sondern geradezu geschädigt.

Der „Bund" soll sich auf den Gebieten der Patentgesetzgebung, des Warenzeichenrechtes und in ähnlichen Fragen besonders betätigt haben, während dieselben dem „Centralverband" anscheinend ferne liegen (Dr. Stresemann in der „Sächsischen Industrie" Nr. 12, 1910).

Diesen und ähnlichen Behauptungen und Sagenbildungen soll einmal die Schilderung der bisherigen Tätigkeit des „Centralverbandes" entgegengehalten werden, obwohl diejenigen, die diese Legenden in die Welt setzen und gegen den „Centralverband" verwerten, dessen Tätigkeit kennen sollten. Wenn sie sie kennen, so verunglimpfen sie den „Centralverband" gegen ihr *eigenes* besseres Wissen; wenn sie sie nicht kennen, so tun sie ihm unrecht gegen das bessere Wissen derjenigen, die unterrichtet sind. Dann bleibt den Angreifern nur der Vorwurf, daß sie sich dieses bessere Wissen nicht angeeignet haben, und sind dann als ehrenwerte Männer zum Rückruf ihrer Anklagen verpflichtet.

Also einiges über die Tätigkeit des „Centralverbandes"!

XII.

Einer der Hauptmißgriffe der Gegner und Kritiker des „*Centralverbandes Deutscher Industrieller*" besteht darin, daß sie ihn lediglich als eine Kampforganisation auf dem Gebiete einiger weniger industrieller und wirtschaftlicher Hauptfragen betrachten. Sie kümmern sich um ihn nur dann, wenn er zur Handelspolitik oder zu den sozialpolitischen Fragen Stellung nimmt oder in der Syndikatsfrage Partei ergreift. Sie übersehen aber oder kennen nicht seine Kleinarbeit im Dienste aller Zweige der Industrie. Sie betrachten ihn als einen Streiter, der auf die Arena tritt, sobald es sich um die Entscheidung über die großen Lebensbedingungen der Industrie handelt, die auf den bezeichneten Gebieten liegen, glauben, daß seine Tätigkeit nur darin besteht, sich für diese Entscheidungskämpfe zu rüsten, die Waffen zu schmieden und seine Kräfte zu üben, während er für die kleinen Sorgen der Industriellen, namentlich die kleinen Sorgen der mittleren und kleinen Industriellen, kein Herz und keine Zeit hat.

Das ist ein Irrtum, der wohl nur dadurch entstehen konnte, daß in der Tat jene Hauptgebiete für die Industrie eben die umfassendsten sind und diejenigen, die durch die Gesetzgebung am meisten berührt werden. Aber schon hier muß gesagt werden, daß ja nicht nur die große Industrie, sondern alle Industrien, welcher Größenstufe sie auch angehören mögen, an diesen Gebieten ein gleiches Interesse haben. Das ist freilich nicht auf den ersten Blick klar, und es mag ein Fehler des Centralverbandes sein, daß er es unterlassen hat, in jedem Falle auch immer hervorzuheben, wie sehr das, was er tut, auch im Interesse der Kleinen geschieht. Er hat es bisher nicht für notwendig gehalten, es als selbstverständlich betrachtet, und er wird sich wohl entschließen müssen, in seinem eigenen Interesse, aber auch zum Nutzen und Frommen der Kleinen, bei jeder Gelegenheit immer wieder zu betonen, worin in jedem einzelnen Falle sein Dienst auch den Kleinen zum Vorteil gereicht. Er muß darin dem Beispiel derjenigen folgen, die stetsfort sich ihres guten Herzens für die Kleinen rühmen und ihnen versichern, wie gute Freunde sie haben: „Seht, ich bin Euer Mann, bei mir seid Ihr gut aufgehoben", und die dann gern die Beschuldigung einflechten, jener andere, jener Große sorge nur für die Großen, ja er sei sogar im tiefsten Herzensgrunde der Feind der Kleinen, die er eigentlich am liebsten verspeisen möchte: aufsaugen nämlich!

Die Handelspolitik! Wenn der Centralverband während seines langen Daseins nichts getan hätte, als was er handelspolitisch vollbracht hat, so müßte ihm die ganze deutsche Industrie, die kleine wie die große, die leichte wie die schwere, ja nicht nur sie, sondern auch das Handwerk, die Landwirtschaft, ja das ganze deutsche Volk zu unauslöschlichem Dank verpflichtet sein. Ihm in erster Linie ist die Umkehr vom Freihandel zum Schutzzoll zu verdanken und damit die ganze Entwickelung, die das deutsche Wirtschaftsleben seither genommen hat. Gewiß, dieser Wandel mußte geschaffen werden; es haben auch andere Gesichtspunkte dabei mitgewirkt, z. B. das Geldbedürfnis des jungen Deutschen Reichs, und der Freihandel wäre auch ohne den Centralverband überwunden worden; aber ohne seine gewaltigen Anstrengungen wäre alles später und vielleicht auch anders geworden. Das sind akademische Erwägungen, die den Tatsachen der Geschichte gegenüber nicht in Betracht kommen.

Aber der Centralverband hat sich mit dieser ersten Tat nicht begnügt; er war vielmehr seither ununterbrochen der entschiedenste und kraftvollste Verteidiger des Schutzzolles, und zwar eines Systems maßvollen und gleichmäßigen Schutzes für alle Gewerbe, nicht nur für die „schwere" Industrie. Jedem Versuche, dieses maßvolle und gleichmäßige System zu durchbrechen, ist er bei jeder Gelegenheit entgegengetreten, und es läßt sich in keinem Falle, weder bei dem Abschluß von Handelsverträgen noch bei der Umarbeitung des alten Tarifs nachweisen, daß der Centralverband dabei einseitig die Interessen der Großindustrie vertreten hätte. Solche Vorwürfe sind immer nur ganz allgemein tendenziös gemacht worden, nie aber sind bestimmte Fälle nachgewiesen worden, die deren Berechtigung erwiesen hätten.

Wie geht es bei solchen Vorarbeiten handelspolitischer Art? Einmal ist es ja selbstverständlich, daß sie nicht für die Oeffentlichkeit, sondern für die Behörden und die Unterhändler bestimmt sind. Man kann also mit ihnen, wenn man die notwendige Vertraulichkeit der Beratungen, Gutachten und Eingaben wahren will, keine Reklame machen. Bei den Beratungen des Centralverbandes über diese Fragen im Schoße des Ausschusses und zahlreicher engerer Ausschüsse wurden — und das müßte ja eigentlich die ganze Industrie wissen, wenn nicht ein sehr, sehr großer Teil der Industriellen selbst in Zollfragen eine ans unglaubliche grenzende Indolenz beobachtete — sowohl die Hersteller von Rohstoffen, wie von Halbfabrikaten, Hilfsstoffen und Fertigerzeugnissen gleichzeitig in kontradiktorischen Verhandlungen gehört, z. B. die Vertreter der Metallindustrie, der gesamten Eisenindustrie, wo auch die Vertreter der Fabrikanten von landwirtschaftlichen Maschinen, Werkzeugmaschinen, Fahrzeugen und andere gehört wurden, ferner die Vertreter der chemischen Industrie in weitem Umfange, alle Zweige der Textilindustrie der verschiedensten Produktionsstufen usw. Das ganze Material dieser Beratungen ist der Reichsregierung jeweilen unterbreitet worden und es ist nicht die Schuld des Centralverbandes, wenn manches anders gekommen ist, als er und mit ihm auch einzelne Industriegruppen gewünscht haben. Nur um ein Beispiel zu erwähnen, wie es mit solchen Anregungen erging. Der „Bund der Industriellen" interessiert sich neuerdings für den Zementzoll. Derselbe ist gegen die Vorstellungen und Bestrebungen des Centralverbandes bei dem Abschluß des Handelsvertrages mit Belgien gefallen.

Schon die Zusammensetzung des Centralverbandes aus einer so großen Zahl von Fachverbänden müßte eigentlich genügen, um ihm den Vorwurf einseitiger Wahrnehmung der Interessen der „schweren" Industrie zu ersparen.

Die Befehdung der handelspolitischen Stellung des Centralverbandes hat ja auch einen ganz anderen Ursprung. Der liegt im Grunde gar nicht bei den Fertigindustrien, gar nicht bei der leichten Industrie. So leichtfertig ist diese nicht. Auf dieser Seite ist es mehr die Unklarheit des handelspolitischen Programms oder noch mehr des Fehlens eines solchen. Für sich sind diese Industrien ja nicht weniger schutzzöllnerisch veranlagt als die anderen. Sie würden sich schön dafür bedanken, wenn man aus ihrem Wunsch, ihre Rohstoffe und Halberzeugnisse zollfrei zu erhalten, die Schlußfolgerung zöge und auch ihre Erzeugnisse von der Last des Zolles befreite mit der Begründung, daß ja diese Erzeugnisse auch ihre Verbraucher haben —, wenn man also reine Verbraucherpolitik folgerichtig durchführte. Davon wollen sie nichts wissen. Sie müssen also an das System des deutschen Zolltarifs glauben und sollten mißtrauisch sein gegen diejenigen, die ihnen als Exporteure eine Sonderstellung im Tarifsystem einräumen möchten.

Diejenigen, die sich nach dieser Richtung bewegen, wollen ja eigentlich nicht die Beseitigung der Zölle auf die Bedarfsmittel der Ausfuhrindustrien, sondern sie stellen sich für den Zolltarif so etwas wie eine „mittlere Linie" vor (Dr. Stresemann, „Sächsische Industrie" Nr. 12, 1910, S. 185), wissen aber nicht recht, welches diese Linie ist, und sie vergessen auch, daß der deutsche Zolltarif im Vergleich zu den Zolltarifen der anderen Länder sogar schon tief unter der Mittellinie steht. Vergleiche Frankreich, Rußland, Oesterreich-Ungarn, vor allem die Vereinigten Staaten von Amerika! Und sie glauben, daß dieser deutsche Zolltarif lediglich Rücksicht nimmt auf die Interessen der syndizierten Großbetriebe! Das ist nicht mehr als ein Schlagwort für Agitationszwecke, gebraucht von Vertretern von Industrien, die sich der Syndikate und Preiskonventionen oft noch rücksichtsloser bedienen als die schwere Industrie. Da soll nur kein blauer Dunst gemacht werden!

Aber es gibt auch sehr klare Absichten, die sich hinter der in den Ausfuhrindustrien geltend machenden Strömung verstecken. Das sind die eigentlichen freihändlerischen, die die Exportindustrie nur vor ihren Wagen spannen in der Hoffnung, daß, wenn die deutschen Zölle auf Rohstoffe und Halberzeugnisse gefallen sind, dann auch die Zölle auf deutsche Fertigerzeugnisse im Ausland zur Aufhebung gelangen. Das sind teils grundsätzliche Freihändler, teils Exportenthusiasten.

Es gibt nämlich noch grundsätzliche Freihändler in Deutschland, die glauben und sagen, eigentlich sei jeder Kulturmensch im Grunde seines Herzens Freihändler, wir müßten also für den Freihandel durch die Tat Propaganda machen, damit die anderen nachfolgen. Selbst der Mißerfolg Englands hat sie nicht bekehrt. Sie sind aber gänzlich ungefährlich und nur der eine oder andere kann vorübergehend Schaden anrichten, wenn er — was ja immerhin möglich ist — an der Spitze oder in der Geschäftsführung eines großen wirtschaftspolitischen Verbandes steht.

Dagegen sind die Exportenthusiasten ernster zu nehmen, einmal, weil sie eine recht stattliche Phalanx bilden, hinter der sich dann leicht jene freihändlerischen Weltbürger verbergen können, hinter der Linie, aber als Führer —, dann aber, weil über die Bedeutung der Ausfuhr in Deutschland übertriebene Vorstellungen sich immer breiter machen. Diesen muß mit aller Bestimmtheit entgegengetreten werden, um die Einbildung zu zerstreuen, als ob der Export für die Kosten der Volksvermehrung aufzukommen hätte, und dann auch, um dem einheimischen Absatzgebiet als der Grundlage unserer Volkswirtschaft das ihm gebührende Ansehen wieder zurückzugewinnen. Und wenn der Centralverband Deutscher Industrieller die Bedeutung des einheimischen Marktes nie außer Augen gelassen hat und den Lockungen, es nun einmal mit dem Freihandel zu versuchen, stets eine eherne Stirn geboten hat, so hat er sich damit ein unschätzbares Verdienst um alle Erwerbsstände Deutschlands erworben. Unsere Wirschaftspolitik darf nie und nimmer eine einseitige Exportpolitik sein, und unser Zolltarif, unsere Handelsverträge dürfen das inländische Absatzgebiet nicht gefährden, weder für den Absatz von Industrie- noch landwirtschaftlichen Erzeugnissen. Die Gesamtindustrie hat darin ein gleichmäßiges Interesse, ebenso wie Industrie und Landwirtschaft hier zusammengehen müssen. Aber noch weiter: jede Schwenkung in der Richtung einer einseitigen Exportpolitik, also in freihändlerischem Sinne, würde nicht nur die Interessen von Industrie und Landwirtschaft schädigen, sondern auch diejenigen des Handwerks, der Banken, der Verkehrsanstalten und der Exporteure selbst, die ja wohl zugeben müssen, daß sie gerade seit dem Aufblühen der deutschen Volkswirtschaft, d. h. namentlich des inländischen Marktes, die besten Geschäfte gemacht haben. Die Befangenen im alten Berliner und hanseatischen Linksliberalismus (Bankiers und Exporteure) dürften sich doch allmählich belehren lassen. Aber nicht nur die Unternehmer aller dieser innerlich so eng zusammenhängenden Berufe müßten sich darüber belehren lassen, daß ein Rütteln an unserer Handelspolitik in der Absicht, sie nach links zu bewegen, höchst verhängnisvoll für sie werden könnte, sondern auch die Angestellten, und zwar sowohl die Staats- als die Privatbeamten und — nicht in letzter Linie — die Arbeiter, denen die Verteidiger des Schutzes der nationalen Arbeit bessere Freunde sind, als die freihändlerischen Führer der Sozialdemokratie.

XIII.

Auf dem anderen großen Gebiete des wirtschaftlichen Lebens, dem der Sozialpolitik, hat der Centralverband Deutscher Industrieller für die deutsche Industrie von Anfang an eigentlich allein gearbeitet; denn während des Entstehens der sozialen Gesetzgebung im Anfang der achtziger Jahre gab es weder einen Bund der Industriellen, noch gab es die Landesverbände, die — zum Teil — heute die sozialpolitische Tätigkeit des Centralverbandes wegen ihres angeblichen Mangels an Arbeiterfreundlichkeit angreifen. Aus den Kreisen des Centralverbandes sind sogar wie in der Handelspolitik auch für die soziale Gesetzgebung die ersten Anregungen gekommen, bevor die Thronrede vom 15. Februar 1881 den Gesetzentwurf über die Versicherung der Arbeiter gegen die Folgen von Unfällen angekündigt hatte. Schon im Jahre 1869 hatte das viel angegriffene Mitglied des Centralverbandes, Freiherr von Stumm, im Reichstag Anträge auf Versorgung invalider und altersschwacher Arbeiter nach dem Vorbilde der Knappschaftskassen gestellt, und noch vor jener verheißungsvollen Thronrede hatte der Generaldirektor Baare, ebenfalls ein einflußreiches Mitglied des Centralverbandes, über die Ausführung der Unfallversicherung ein „Promemoria" ausgearbeitet, das den Reichskanzler veranlaßte, dessen Verfasser mit der Ausarbeitung eines Gesetzentwurfes zu beauftragen. Bei der weiteren Entwickelung der sozialen Gesetzgebung, der Krankenversicherung und der Alters- und Invalidenversicherung war der Centralverband in unausgesetzter Arbeit für die Ausgestaltung derselben fördernd tätig, trotz der schweren Belastung, die durch diese Gesetzgebung der Industrie auferlegt worden war, und was er in dieser Zeit, noch lange bevor die ihn befehdenden jüngeren Verbände entstanden sind, für die Industrie getan hat, das war nicht allein für die große und „schwere" Industrie geschehen, sondern für die gesamte Industrie, auch für die mittlere und kleinere. Und wenn er unter dem Einfluß der parteipolitischen Ansprüche nicht alles erreicht hat, was im Interesse der Industrie gefordert werden mußte, so war doch seine Tätigkeit auf diesem Gebiete eine so riesenhafte und verdienstvolle, daß es nur die Unkenntnis der Führer der jüngeren Verbände oder deren mangelndes Verständnis für die Arbeiten dieser schon weit zurückliegenden Zeit, für den Werdegang der bereits zur Selbstverständlichkeit gewordenen sozialen Gesetzgebung sein kann, welche sie der Undankbarkeit gegen ihren Vorkämpfer, den Centralverband, und seine verdienten Männer, schuldig macht.

Aber auch die spätere Tätigkeit des Centralverbandes, als die Periode der Umgestaltung der Arbeiter-Versicherungsgesetze im Jahre 1894 begann, eine Periode, die heute noch nicht abgeschlossen ist, ragt riesengroß über das hinaus, was von den aus den Reihen der Industrie erstandenen Kritikern des Centralverbandes in dieser Richtung geleistet worden ist. Mehr als diese hat er der sozialistischen Strömung, die immer stärker sich geltend macht, widerstanden. Das Urteil über die neuere Entwickelung ist nicht abgeschlossen; es steht nicht uns zu; erst spätere Generationen werden gerechter zu urteilen vermögen; es ist also noch durchaus nicht ausgemacht, daß sich diejenigen industriellen Gruppen, welche einer Abschwenkung nach der linken Seite das Wort reden, durch die Befürwortung immer weiter gehender Zugeständnisse an die von der Parteitaktik aufgeregten Begehrlichkeiten, um die Industrie und ihre Arbeiter wirklich größere Verdienste erworben haben als der Centralverband, der zwar für einen maßvollen weiteren Ausbau der sozialen Gesetzgebung noch heute eintritt, aber gleichzeitig vor der Uebertreibung warnt, und nach den ganz unvergleichlichen Leistungen der deutschen Gesetzgebung für das Wohl der Arbeiter zu größerer Vorsicht und zum Maßhalten ermahnt.

Auch in bezug auf die Kämpfe um Gewerbeordnung und Arbeiterschutz stand der Centralverband immer in vorderster Reihe für die Wahrung der Interessen der deutschen Industrie, und wenn man ihm aus industriellen Kreisen den Vorwurf glaubt machen zu müssen, daß er dabei nur an die „schwere" Industrie gedacht hat, so beruhen solche Vorwürfe weniger auf der Kenntnis der vielgestaltigen Tätigkeit des Centralverbandes, also weniger auf sachlichen Gründen, als auf dem Glauben jüngerer Führer und einiger Industrieparlamentarier, die Industrie könnte durch größere Zugeständnisse an die öffentliche Meinung der sozialdemokratischen Gefahr entgegenarbeiten. Wie echt dieser Glaube im einzelnen Falle ist, das wollen wir nicht entscheiden; ganz ohne Mischung mit parlamentarischer Gefallsucht oder persönlicher Eitelkeit ist er selten; in einem Falle ist also persönliche Wahltaktik dabei, in einem andern Eigenbrödelei und Einspännertum und manchmal wohl das Bedürfnis, als Mann der sozialen Aufklärung, als ganz gebildeter auf der Höhe der Zeit stehender, moderner Fortschrittsmann zu gelten. Eine solche separate Stellung innerhalb der Industrie nimmt sich in unserer Zeit der Umschmeichelung der Masseninstikte prächtig aus, ja sie blendet sogar nicht wenige derjenigen Industriellen, die im Wirrwarr der Zeit kleinmütig werden und die demokratische Strömung glauben mitmachen zu müssen.

Welches Unheil aber diese unsicheren Kantonisten anrichten, das werden sie selbst erkennen, wenn ihnen klar wird, daß dieser Strom uferlos ist, daß er von Zugeständnissen zu Zugeständnissen führt, bis man endlich den Führern der Massen soviel Liebes und Gutes getan hat, daß zu tun fast nichts mehr übrig bleibt.

Dann ist es aber zu spät, sich zur Rückkehr zu besinnen.

Die vorsichtigere Politik des Centralverbandes, die — ohne eine maßvolle Entwickelung der Sozialpolitik zu bekämpfen — die bestehenden Grundlagen der deutschen Industrie zu schützen bemüht ist, kann sich auf die gewaltigen Tatsachen der wirtschaftlichen Entwickelung Deutschlands seit dem Bestehen des Deutschen Reiches, also während der letzten vier Jahrzehnte, berufen. Mehr als durch die sozialpolitischen Ansprüche der politischen Parteien, mehr als durch die Agitation der sozialdemokratischen Gewerkschaften, mehr selbst als durch die Arbeiterschutzgesetzgebung ist für die Arbeiter, ihre Wohlfahrt und ihre Lebenshaltung erreicht worden durch die technischen und wirtschaftlichen Fortschritte der Industrie, durch die innere Erstarkung derselben, bei gleichzeitiger Erhöhung ihrer Leistungsfähigkeit nach Güte und Menge ihrer Erzeugnisse. Der soziale Fortschritt, der sich vollzogen hat, wäre unmöglich gewesen, ohne diese selbsttätige Steigerung der inneren Kraft unter dem „Schutz der nationalen Arbeit", den sich die Industrie selbst, unter dem Widerspruch der Parteien und Richtungen, erkämpft hat, die, wie sie sich damals unter der Fahne des Freihandels gesammelt haben, so heute mit dem dekorativen Mantel ihrer sozialpolitischen Forderungen umhüllen.

Es ist nur zu komisch, daß es Industrielle gibt, die sich ihrer eigenen Kraft und der Entwickelung der letzten Jahrzehnte so wenig bewußt sind, daß sie jener alten Fahne noch Gefolgschaft leisten und — es sind nämlich immer dieselben — dazu mit dem neuen Mäntelchen schmücken.

Aber es muß auch solche Käuze geben!

Wieviel besser würde es ihnen stehen, wenn sie sich ermannten, diese blendende Gefolgschaft und deren Firlefanz aufgäben und zur eigenen Farbe sich bekennten, um die eigene Berufsehre zu verteidigen. Denn wer — neben den deutschen Forschern — hat für das Gedeihen des deutschen Volkes seit der Gründung des Reiches mehr getan als die deutsche Industrie? Und welche Aufgabe wäre es, dafür Verständnis und die öffentliche Meinung zu gewinnen!

Hier muß das Versöhnende in den Reihen der Industrie gesucht und gefunden werden. Wenn wir spotteten, so taten wir es der Wahrheit zuliebe, und von gutem Herzen. Oder sollen wir stärkeren Spott treiben?

XIV.

Sehr leicht machen es sich die Gegner des Centralverbandes Deutscher Industrieller, wenn sie seine Stellung in der Kartellfrage oder insbesondere zu den Syndikaten kritisieren. Sie identifizieren einfach den Centralverband mit den Syndikaten, beschuldigen ihn der einseitigen Vertretung der Syndikatsinteressen und zwar hauptsächlich der Interessen des Rheinisch-Westfälischen Kohlensyndikats und des Stahlwerksverbandes. Diese Vorwürfe hängen nur zum Teil mit den unklaren Vorstellungen zusammen, die in weiten Kreisen über die gegenseitigen Beziehungen der verschiedenen industriellen Erzeugungsstufen und deren Vertretung im Centralverbande bestehen. Oefter entstammen sie parteitaktischen Beweggründen, dem Kokettieren mit der populären Syndikatsfeindschaft, oft auch dem eigenen Reklamebedürfnis.

Die Behandlung der Kartellfrage durch den Centralverband beweist geradezu das Gegenteil von dem, was ihm seine Gegner andichten. Der Centralverband hat in der Kartellfrage — wir scheuen uns nicht vor diesem Ausdrucke — die reinsten Absichten nicht nur im stillen gehegt, sondern auch an den Tag gelegt.

Die Kartellfrage ist ja keine ganz alte Sache, sie ist vielmehr mitten in ihrer Entwickelung, ja vielleicht noch nicht einmal so weit, sondern wohl erst in ihren Anfängen. Was bedeutet das doppelte Jahrzehnt, das es noch kaum hinter sich hat. Die großen Syndikate sind sogar noch jünger, zum Teil viel jünger.

Und doch hat der Centralverband die Frage in sehr überdachter und umfassender Weise vor jetzt bald einem Jahrzehnt in Angriff genommen. Als der Verfasser dieser „Offenherzigen Betrachtungen" im Jahre 1902 in seiner Schrift „Ausbau des Kartellwesens" die Gemeinschaftsaufgaben der Syndikate und Kartelle umschrieb und die Zersplitterung der Kartellbestrebungen und das getrennte Marschieren auf ein zwar gemeinschaftliches, aber nicht einheitlich ins Auge gefaßtes Ziel tadelte, bezeichnete er es als eine soziale Pflicht der Kartelle, sich zu bewußter Gemeinschaftsarbeit zu sammeln. Und als er seine Anregungen in einer umfassenden Denkschrift dem Direktorium des Centralverbandes unterbreitete, griff dieses dieselben mit großer Energie auf, sammelte um sich die Mehrzahl der bestehenden Syndikate, bildete die „Hauptstelle für Syndikatswesen", betraute einen besonderen Beamten mit der Verwaltung dieser Stelle, und nahm schon während der Arbeiten der im Reichsamt des Innern tagenden Enquete-Kommission für das Kartellwesen ihre aufklärende und vermittelnde Tätigkeit in Angriff.

Es mögen bei der Behandlung dieses ganz neuen und außerordentlich schwierigen Stoffes vom Centralverband Fehler gemacht worden sein, die wir an dieser Stelle nicht untersuchen wollen; aber das größte Hindernis für eine volle Entwickelung der Einwirkung in das Kartellwesen waren nicht die entgegenstehenden Interessen der Syndikate, sondern im letzten Grunde die inneren Vorgänge in den einzelnen von den Syndikaten umfaßten Industrien. Die Syndikate sind nämlich durchaus nicht so festgefügte Organisationen, wie dem Fernstehenden scheinen mag. Die ununterbrochene Weiterentwickelung der industriellen Organisationsformen liegt nicht allein in der Syndizierung gleichartiger Betriebe, sondern geht weit darüber hinaus, und hier ist nicht die persönliche Willkür der sogenannten „Industriekapitäne" — übrigens ein amerikanischer Begriff, der auf unsere deutschen Verhältnisse gar nicht paßt — maßgebend, sondern rein technische und kaufmännische Interessen geben den Ausschlag, wirken als wirtschaftlicher Entwickelungszwang, dem die „Führer" im Interesse ihrer Einzelunternehmungen folgen müssen, oft wider ihren Willen. Der einzelne ist da viel öfter der Geschobene, als der eigenmächtig Treibende. Es gibt eben nicht nur den Gegensatz zwischen reinen Walzwerken und gemischten Werken, zwischen Rohstofferzeugern und ihren Abnehmern, wie der Bund der Industriellen es sich bequem zurecht legt, um Stimmung gegen die Syndikate zu machen, sondern innerhalb der Syndikate und zwischen den einzelnen Mitgliedern derselben bestehen tiefgreifende Gegensätze, nicht nur im Kohlensyndikat und im Stahlwerksverband, sondern in allen Syndikaten, und der heutige Stand der Syndikatsfrage ist weit mehr charakterisiert durch diese inneren Gegensätze als durch die Widersprüche zwischen Syndikats- und Abnehmerinteressen. Es hat sogar den Anschein, als ob für die nächste Zukunft den Zusammenschlußbestrebungen in der vertikalen Richtung eine weit größere Bedeutung zukommt, als der eigentlichen Syndizierung; jedenfalls wird diese durch jene ganz außerordentlich erschwert und kompliziert.

Das ist der Hauptgrund, warum die „Hauptstelle für Syndikatswesen" sich nicht zu voller Tätigkeit entwickeln konnte, und warum manche Syndikate ein Eingreifen der „Hauptstelle" nicht gerne sehen. Eine vom kaufmännischen Gesichtspunkt aus gewiß sehr begreifliche Haltung.

Trotzdem hat die „Hauptstelle" manches geleistet; sie hat einer Reihe von Industriegruppen, und zwar nicht etwa der schweren Industrie, bei ihren Vereinigungsbestrebungen wichtige Dienste geleistet, namentlich bei den ersten Vorarbeiten geholfen und die ersten Grundlagen geliefert. Damit hat nun allerdings der Centralverband nicht Reklame getrieben, weil es eben stille Arbeit ist; sie ist nur als solche denkbar. Aber mancher kleinere Gewerbezweig hat damit von den Erfahrungen der großen Industrie Nutzen gehabt.

Auch in anderer Richtung hat die „Hauptstelle" gewirkt, so namentlich auch durch gemeinschaftliche aufklärende Erörterungen über die Grundlagen und Vorgänge im Kartellwesen. Eine der interessantesten Unterhaltungen dieser Art war die Versammlung der Syndikate und Kartelle vom 16. Oktober 1909, wo nicht nur manches offene Wort zu der Syndikatsfrage gesprochen wurde, sondern auch in hohem Grade belehrende Aufschlüsse über die Schwierigkeiten, die der Kartellbildung entgegenstehen, erteilt wurden. Wie objektiv der Centralverband der Kartellfrage gegenübersteht, das hat Generalsekretär Bueck, der in der politischen Tagespresse nicht nur, sondern auch vom Bund der Industriellen als der Wortführer des Kohlensyndikats und des Stahlwerksverbandes „stigmatisiert" wird, dargetan, als er von dem Mißtrauen sprach, das die Syndikate der „Hauptstelle" entgegenbringen. Er sagte, daß, wenn dem Centralverbande und seiner Kartellkommission mit mehr Vertrauen und Freundlichkeit entgegengekommen wäre, vielleicht viel Mißstimmung und Zwiespalt, die durch das Kartellwesen in die Industrie hineingetragen worden, gemildert oder vermieden hätte werden können. Auch der Bericht Dr. Ballerstedts über die rechtliche und tatsächliche Entwickelung des Kartellwesens und namentlich Dr. Tschierschkys Darstellung über Kartellwesen und Verbände in der Textilindustrie boten eine Fülle sehr wertvollen kritischen Materials. Und als der Vorsitzende des Direktoriums, Herr Landrat a. D. Rötger, am Schlusse jener Versammlung dem Wunsche Ausdruck gab, die Syndikate möchten selbst durch fleißigere Mitteilungen die Arbeiten der Syndikatsstelle unterstützen, so konnte darin der aufrichtige Wille des Centralverbandes erkannt werden, im allgemeinen Interesse der gesamten deutschen Industrie tätig zu sein.

Hat der Centralverband schon durch seine bisherige Tätigkeit auf dem Gebiete des Kartellwesens der Industrie wichtige Dienste geleistet, so verkennt er keineswegs, daß darin noch vieles zu tun übrig bleibt. Nur dürfen die Heißsporne unter den industriellen Gruppenführern nicht die unendlichen Schwierigkeiten übersehen, die dieser Tätigkeit entgegenstehen, und sie sollten sich eingedenk sein, daß sie mit ihren weitausholenden Wünschen die ihnen am Herzen liegenden Interessen mehr schädigen als fördern; denn sie erregen außerhalb der Industrie falsche Vorstellungen über die Syndikate, fördern die Industriefeindlichkeit in den Kreisen der Arbeiter und Angestellten, geben den linksliberalen Parteien Agitationsstoff und bringen sich selbst in die peinliche Lage, bei der weiteren Entfachung des allgemeinen Kampfes gegen die Industrie schließlich doch als Brandstifter gekennzeichnet zu werden. Das sei ihnen warnend gesagt, wieder im Interesse der Aussöhnung der Gegensätze innerhalb der Industrie.

Um auch nach der anderen Richtung unsere volle Objektivität zu wahren, möchten wir doch auch die Mahnung den Syndikaten aller Industriezweige, nicht nur dem Kohlensyndikat und dem Stahlwerksverband offen aussprechen, sie möchten über den großen inneren Sorgen, deren Bedeutung wir gewiß nicht unterschätzen, nicht vergessen, daß die Interessen, die ihnen anvertraut sind, zugleich allgemein wirtschaftliche Interessen sind. Die Syndikate sind nicht mehr bloße Privatunternehmungen, wenn sie auch ihrer äußeren Form nach als solche gelten. Sie dürfen also ihre Geschäftsverhältnisse nicht mehr als die reiner Privatunternehmungen betrachten, dürfen es nicht ablehnen, wenn — innerhalb bestimmter Grenzen natürlich — Instanzen, die berufen sind, gemeinsame wirtschaftliche Interessen der Industrie zu beraten, sich in ihre Geschäftsgebarung mischen und eine vermittelnde Tätigkeit zu entfalten wünschen, die — das mögen sie sich beherzigen — auch im vitalsten Interesse der Syndikate selbst liegt. Sie mögen sich beherzigen, daß sie sich durch eine solche Ablehnung am meisten selbst schädigen, und sich auch vollständig klar werden, wie vollständig ihre Isolierung im deutschen Wirtschaftsleben und ihre Lostrennung von den übrigen Faktoren desselben in einem solchen Falle wäre. Mögen sie, wenn ihre Heranziehung zu weiteren Gemeinschaftsaufgaben erforderlich ist, sich nicht in den Schmollwinkel zurückziehen!

XV.

Das waren nur Winke! Das Tatsachenmaterial über diese Tätigkeit des Centralverbandes auf den Gebieten der Handels- und der Sozialpolitik ist in der Geschichte des Centralverbandes zu lesen. Auf sie muß immer wieder verwiesen werden. Und wenn er nur das getan hätte, er wäre der Anhängerschaft jedes Industriellen wohl wert, und wenn sie alles wüßten, sie wären seine treuen Vasallen.

Aber er hat noch mehr getan für die Kleinen wie die Großen, und er verdient auch wegen anderer Taten ihre Liebe und Gefolgschaft.

Darum wollen wir sie trocken hier aufzählen, nicht in vollständiger Chronik, nur die Haupttaten.

Würde Herr Dr. Stresemann die Chronik des Centralverbandes zu schreiben haben, so käme darin folgender Satz vor: „Ziehe ich weiter in Vergleich die sachliche Tätigkeit der beiden Zentralen, so sehe ich bei aller Anerkennung dessen, was der Centralverband Deutscher Industrieller an sachlicher Arbeit geleistet hat, in der Arbeit des Bundes der Industriellen eine wünschenswerte Ergänzung, namentlich auf vielen Gebieten, wie z. B. der Patentgesetzgebung, des Warenzeichenrechtes und ähnlichen Fragen, die dem Centralverband anscheinend ferner gelegen haben, weil die an ihnen interessierte Industrie in ihm nicht in dem Maße vertreten ist." („Sächsische Industrie" Nr. 12, 1910, S. 186.)

Der gewissenhafte Chroniker des Centralverbandes wüßte aber zu erzählen von jahrelanger Arbeit auf diesem Gebiete, von Anfang der Patentgesetzgebung an. Aus den letzten Jahren:

1906: Erhebung über die Wünsche der Industrie auf Abänderung des Patentgesetzes und der mit ihm zusammenhängenden Gesetze über die Patentanwälte, den gewerblichen Musterschutz, Warenzeichen- und Markenschutz, der Bestimmungen der gewerblichen Union und des bürgerlichen Rechts.

1907: Bildung einer Kommission zum Zwecke eingehender Prüfung dieser Wünsche, bei deren Zusammensetzung die in Betracht kommenden Interessengruppen berücksichtigt wurden.

1908: Beratungen dieser Kommission nach folgenden Gesichtspunkten: 1. Gestaltung des Vorprüfungsverfahrens in Patentsachen, 2. Patentgebühren, 3. Gerichtsbarkeit in Patentsachen, 4. Abhängigkeit der Patente, 5. Ausübungszwang unter Bezugnahme auf die neueste englische Gesetzgebung, 6. Recht der Angestellten an ihren Erfindungen. In letzterer Richtung wurde dem Bedauern über die vielfach falschen Auffassungen, die in der öffentlichen Meinung über die Frage der Angestellten-Erfindung herrschen, Ausdruck gegeben und der Centralverband ersucht, die dringend notwendige Aufklärungsarbeit zu leisten. Ueber diese Verhandlungen liegt ein gedruckter Bericht von über 100 Seiten vor. (Heft 109 der „Berichte" des Centralverbandes.) Die bezügliche Arbeit des Centralverbandes ist seither fortgesetzt worden und er befindet sich eben jetzt wieder in angestrengter Tätigkeit hierzu, und sein Mitglied, der Verein Deutscher Maschinenbauanstalten, der doch gewiß weder Kohlensyndikat noch Stahlwerksverband ist, leistet hierbei tüchtigste Facharbeit.

Die Patentgesetzgebung aber soll dem Centralverband anscheinend ferner liegen!

Auch die Stellung des Centralverbandes zur Feuerversicherungsfrage ist vom „Bund“ angegriffen worden. Dieser erblickte seine Aufgabe in der schroffen Bekämpfung und Anfeindung der Tätigkeit der privaten Versicherungsgesellschaften und ihres Syndikates, die bis zur Gründung von Konkurrenzunternehmungen, Reformgesellschaften, ging. Der Centralverband erachtete aber eine vermittelnde Tätigkeit für zweckmäßiger und Neugründungen für wenig aussichtsreich, bei einem Versicherungsbestand von 180 Milliarden Mark und einem jährlichen Zuwachs von 6 Milliarden Mark. Dagegen tat er folgendes:

1901: Eintritt in Verhandlungen mit dem Verband der in Deutschland arbeitenden Feuerversicherungsgesellschaften; Bildung einer Kommission zu diesem Zwecke.

1902: Einforderung eines möglichst umfassenden und zuverlässigen Materials als Unterlage für die Verhandlungen der Kommission; Verhandlungen der Kommission am 7. und 8. Februar und 3. und 4. März; Durchberatung des in diesen vier Sitzungen vorbereiteten Materials in einer gemeinschaftlichen Sitzung der Feuerkommission des Centralverbandes mit den Abgeordneten des Verbandes der Feuerversicherungsgesellschaften am 29. und 30. Mai; stenographisches Protokoll hierüber in Heft 93 der „Berichte“ des Centralverbandes. Abgesehen von den Einzelergebnissen war der Haupterfolg die ausdrückliche Feststellung, daß die eingeleitete Fühlung zwischen den Versicherungsgesellschaften und dem Centralverband eine dauernde bleiben, und die Industrie die Gewißheit haben soll, daß durchgreifende Entschließungen der Versicherungsgesellschaften nicht gefaßt werden, ohne vorher der Industrie Gelegenheit zu geben, ihre Wünsche zu äußern und sich mit den Versicherungsgesellschaften ins Einvernehmen zu setzen.

1903: Beratung des Gesetzentwurfes betreffend den Versicherungsvertrag durch die Versicherungskommission des Centralverbandes in Gemeinschaft mit den Vertretern der Feuerversicherungsgesellschaften, wobei die Zusicherung gegeben wird, daß bei der Neugestaltung der Versicherungsbedingungen die Versicherungsgesellschaften mit der Kommission des Centralverbandes Hand in Hand gehen werden.

„Hand in Hand“ ist ja auch das Losungswort des Bundes der Industriellen, nur handelt er nicht danach. Im Centralverband aber hat man gelernt, daß wohl zeitweise durch rücksichtslose Bekämpfung scheinbar entgegenstehender Interessen etwas erreicht werden kann, daß aber sachverständige Gemeinschaftsberatung, kontradiktorische Verhandlungen eine höhere Stufe der Ausgleichung dieser Gegensätze bedeuten. Er hat diese Lehren gezogen aus der Entwickelung des Syndikatswesens und wendet sie auf weitere Gebiete an, nicht zum Schaden der Industrie. Vielleicht werden auch die in der Industrie noch schwebenden Gegensätze grundsätzlicher Art, die handels- und sozialpolitischen, auf demselben Wege zum Frieden führen.

XVI.

Nun noch eine kurz zusammenfassende Aufzählung derjenigen Arbeiten des Centralverbandes Deutscher Industrieller, die — mittelbar oder unmittelbar — der „leichten" Industrie gedient haben. Es sind u. a. folgende:

Adreßbücher. Vorbereitung und Herausgabe, bzw. Unterstützung von Verlagsanstalten bei der Vorbereitung und Herausgabe von praktischen Adreßbüchern, sowie die Sorge für notwendig gewordene Neuausgaben, z. B.:

Adreßbuch deutscher Exportfirmen.

Adreßbuch aller deutscher Industrie- und Handelsfirmen.

Deutscher Industrie-Anzeiger in japanischer und chinesischer Sprache.

Neuausgabe des Adreßbuches deutscher Exportfirmen.

Allgemeine Enqueten über die gesamten industriellen Erwerbsverhältnisse und die sich hieraus ergebenden Gesetzesvorschläge. Anträge und Eingaben, z. B. die Stellungnahme des Centralverbandes zu den Fragen des deutschen Eisenbahnwesens, insbesondere:

Resolution, betreffend die Eisenbahnfrage (Heft 2, S. 60 der „Berichte usw.").

Antrag, betreffend Einführung günstigerer Verfrachtungsbedingungen für leichtwiegende Güter (Heft 46, S. 8, Heft 104, S. 12).

Antrag, betreffend die Ermäßigung der Eisenbahnfrachten (Heft 62, S. 160ff., Heft 104, S. 203).

Petition, betreffend die großen Anforderungen bezüglich der Anschlußgeleise (Heft 74, S. 11, Heft 115, S. 64).

Eingabe, betreffend Erhaltung einer unmittelbaren Industrievertretung in den Bezirkseisenbahnräten und im Landeseisenbahnrat.

Unterstützung von Petitionen der „leichten" Industrie, z. B. der Petition des Fabrikantenvereins der Stickerei- und Spitzenindustrie in Plauen an den Reichstag und Bundesrat gegen den Antrag Heyl und Gen. auf Beschränkung der Heimarbeit.

Anregung und Unterstützung von Maßregeln zur Verhütung von Lungenschwindsucht unter den Arbeitern (Heft 99, S. 103).

Eingabe an den Staatssekretär des Reichspostamts vom 4. Januar 1902, betreffend Erleichterungen in der Abfertigung von Massensendungen; Beseitigung des Markenklebens. (Neuerdings in Aussicht genommen. Heft 92, S. 30).

Eingabe des Centralverbandes, betreffend Erweiterung der „Nachrichten für Handel und Industrie" (Heft 92, S. 11ff.)

Wiederholte Eingaben des Centralverbandes an das Auswärtige Amt, betreffend Verminderung der steuerlichen Belastung deutscher Handlungsreisender im Ausland, z. B. Norwegen, Schweden, neuerdings Dänemark.

Mitwirkung des Centralverbandes bei dem Zustandekommen der Ostasiatischen Kommission (Heft 79, S. 89).

Tätigkeit des Centralverbandes bei der Aufstellung und Ausgestaltung statistischer Berechnungen durch Rundschreiben, betreffend Statistik der Güterbewegung auf deutschen Eisenbahnen und in der deutschen Binnenschiffahrt (Heft 99, S. 133ff.), betreffend das Statistische Warenverzeichnis (Heft 99, S. 105 und Heft 101, S. 79), betreffend Statistik des deutschen Außenhandels (Heft 116, S. 159ff.), ferner betreffend Lohn- und Streikstatistik.

Rundschreiben und Resolutionen des Centralverbandes bezüglich der Gesetzentwürfe über den unlauteren Wettbewerb (Heft 65, S. 7ff., Heft 66, S. 54, Heft 67, S. 26ff., Heft 99, S. 123).

Anerkennung des dringenden Bedürfnisses eines strafrechtlichen Schutzes der Fabrik- und Geschäftsgeheimnisse und Unterstützung der darauf bezüglichen Petition des Vereins zur Wahrung der Interessen der chemischen Industrie durch den Centralverband (Heft 32, S. 22 ff.).

Petition an den Reichskanzler gegen den Wollzoll und Unterstützung der vom „Zentralverein der Wollwarenfabrikanten" an den Reichstag gerichteten Petition gegen Einführung eines Wollzolles. (1886. Heft 32, S. 38 ff. und S. 44.)

Eingaben vom 18. Juli und 28. August 1907 sowie vom 22. Januar 1908, betreffend Gründung einer Außenhandelsstelle zu Berlin (Heft 110, S. 7 ff.).

Gründung eines Instituts für ausländisches Recht (Heft 112, S. 162; Heft 115, S. 112).

Eingabe vom 14. Dezember 1906, betreffend Erweiterung des zollfreien Bezuges von Benzin für Kraftfahrzeuge und Motoren (Heft 105, S. 85).

Rundschreiben vom 5. August 1905, betreffend Bestechung der in Privatunternehmungen angestellten Personen.

Eingabe vom 5. August 1890, betreffend den Entwurf von Abänderungen der „Allgemeinen polizeilichen Bestimmungen über die Anlegung von Dampfkesseln" (Heft 101, S. 96).

Vorarbeiten, Entwurf und Eingaben vom Jahre 1906, betreffend Eisenbahnverkehrsordnung (Heft 103 und 104).

Eingaben vom Dezember 1906 an die Eisenbahndirektionen Halle, Essen, Köln, Saarbrücken und Breslau, betreffend Frachtermäßigung für Glassand (Heft 105, S. 88 ff.).

Rundschreiben vom 16. November 1905, betreffend den Mangel an Güterwagen auf den preußischen Eisenbahnen (Heft 101, S. 84).

Eingaben zwecks Ermäßigung der Abfertigungsgebühren, 1906 und 1909.

Eingabe, betreffend Stellung von Handelssachverständigen bei den auswärtigen Konsulaten.

Rundschreiben, betreffend Organisation des langfristigen industriellen Kredits (Heft 112, S. 164).

Rundschreiben vom 27. Oktober 1905, betreffend Lohnklausel in Lieferungsverträgen (Heft 101, S. 83).

Eingabe an den Staatssekretär des Innern, betreffend Lohnbeschlagnahme vom 12. Oktober 1908 (Heft 112, S. 157).

Eingabe an den Staatssekretär des Reichsjustizamts vom 30. Januar 1907, betreffend Eigentumsvorbehalt beim Verkauf von Maschinen (Heft 105, S. 95).

Eingabe an die Kaiserliche Normaleichungskommission, betreffend Entwurf einer Maß- und Gewichtsordnung nebst Gutachten (Heft 109, S. 153 ff.).

Resolution zur Reichsfinanzreform (Heft 115, S. 7).

Eingabe vom 4. Januar 1907, betreffend Erleichterung des Wechselprotestes (Heft 105, S. 92).

Wenn das, was hier bisher aufgezählt wurde, schon genug sein sollte, um den Centralverband in ein ganz anderes Licht zu stellen, als das Lichtlein des Parlamentariers, der noch in den letzten Tagen in der „National-Zeitung" (2. Juni 1910) sich auf die — „Deutsche Export-Revue" und den Jahresbericht der Hagener Handelskammer (die Handelskammer der reinen Walzwerke) beziehen mußte, um zu beweisen, daß die Politik des Centralverbandes in den letzten Jahren nichts anderes gewesen sei als „eine Politik der verpaßten Gelegenheiten“, so mögen doch noch einige Betrachtungen über den politischen Einfluß des Centralverbandes hier Raum finden.

XVII.

Blicken wir zurück auf das, was wir bisher aus unseren Betrachtungen gewonnen haben, so scheint es um den Einfluß der Industrie auf die Politik im weitesten Sinne und die politischen Parteien im besonderen recht kümmerlich bestellt zu sein.

Wir haben eine Wanderung durch die deutschen Lande gemacht und sind dabei den Spuren all der Partikularismen und Strömungen begegnet, die im Norden wie im Süden, im Osten wie im Westen und auch im Herzen Deutschlands das gesamte öffentliche Leben, ob es nun politischer oder wirtschaftlicher Natur ist, beherrschen, es zerklüften und diese Bruchstücke mit den örtlichen oder Landesfarben schmücken, anderen den Fraktions- oder gar persönlichen Stempel aufdrücken.

Wir suchten nach einem Sammelpunkt in der Reichshauptstadt, da vielleicht hier die Stelle zu finden war, wo die wirren Fäden zusammenfließen, um von starker Hand geordnet und zusammengehalten zu werden. Aber wir sind hier auf einen noch größeren Wirrwarr der unausgeglichenen und sich bekämpfenden Interessengegensätze gestoßen; denn hier gesellen sich zu den von außen hineingetragenen Widersprüchen die rein berlinischen Interessen und die von Groß-Berlin, sowie die Bankenkonzerne, jeder mit seiner besonderen Geschäftspolitik. Ueber allem aber herrscht nicht einigend und sammelnd die Regierung, sie muß sich vielmehr eine praktikable Mittellinie suchen, eine harte Arbeit, bei der die Kräfte schnell abgenützt und die Minister im Amte nicht alt werden; denn der Begriff der Mittellinie ist ebenso umstritten und die vermeintlich gefundene Mittellinie ist ebenso angezweifelt wie jedes Einzelinteresse.

Wir haben diesem wenig tröstlichen Gesamtbild einen Maßstab gegenübergestellt: den Entwickelungsfluß des 19. und 20. Jahrhunderts verglichen mit den Glanzepochen, die ihm vorausgegangen sind. Damit wir aus diesem Vergleich Mut schöpfen! Und haben dann versucht, den zwei Hauptzügen, die unsere Zeit besonders kennzeichnen, die in sich zwar scheinbar ein Widerspruch sind, aber in die Entwickelungsreihen sich jetzt mit Gewalt einschieben, ins Gesicht zu sehen.

Das ist der persönliche und der demokratische Zug der Zeit!

Wir haben gesagt, man könne der Ansicht sein, daß das Persönliche, der Egoismus, zu stark vorherrsche und daß die reine Demokratie, die Ueberhastung der Gesetzgebung und die soziale Verwöhnung zum Verderben führen, wenn sie Allherrscher würden; aber man könne auch der Meinung sein, daß diese Dinge da sind, weil wir durch sie hindurch müssen und daß wir sie überwinden werden, wenn sie unserer Entwickelung im Wege stehen. Ihr Dasein beweise, daß sie für unsere Höherentwickelung jetzt notwendig sind. Ob sie notwendig bleiben werden, das würden wir oder Spätere sehen.

Aber der Persönlichkeit gestanden wir von vornherein eine dauernde Bedeutung zu. Die Personenfrage sei, trotz mancher unbequemen Begleiterscheinungen, eine Haupt- und Grundfrage aller Entwickelung.

Auch der Demokratie haben wir Gerechtigkeit widerfahren lassen, ihren Anteil am Vereinswesen zugegeben, das Vereinswesen sogar als eine demokratische Einrichtung bezeichnet. Aber wir mußten auf die inneren Widersprüche hinweisen, die dem demokratischen Gedankenkreise innewohnen, und konnten zeigen, wie er sich in seiner weiteren Entwickelung von selbst ad absurdum führt.

Schon in seinem Beginn zeigte sich der unlogische Aufbau; denn von Anfang an sei die Demokratie nicht die Volksherrschaft, sondern die Herrschaft der Persönlichkeiten, und zwar nicht der Gesamtheit derselben, sondern der Führer, der Demagogen, worunter man ursprünglich Volksführer verstand, heute aber Volksverführer versteht.

Im Vereinswesen, das neben dem Parlamentarismus das heutige öffentliche Leben beherrscht, und das den einen großen Teilstrom der Demokratie bedeutet, sei diese bereits vollständig ad absurdum geführt. Das Vereinswesen habe die Volks- und Berufsgliederung, die Organisation der Interessen, und zwar nicht nur der gewerblichen, sondern auch der sogenannten freien Berufe gebracht. Das soziale Bewußtsein, daß das Volk doch kein gleichartiges, nicht eine gleiche, einheitliche Masse ist, habe das demokratische Empfinden überwunden.

Im Parlamentarismus des Reichstagswahlrechts sei aber auch die reine politische Demokratie ad absurdum geführt. Das allgemeine und gleiche Wahlrecht des Volkes sei aufgelöst in den Wahlzwang und die Tyrannei der Parteien, und die Reichstagsabgeordneten seien nicht Vertreter des gesamten Volkes, sondern, durchaus im Widerspruch mit dem Geist der Reichsverfassung, Beauftragte der Parteien. Die Parteien aber seien nicht an die Stelle der einzelnen Abgeordneten getreten und nun etwa selbst die Vertreter des gesamten Volkes; sie erwägen vielmehr ihre Stellung zu den Fragen des Volksinteresses in erster Linie aus dem Gesichtspunkt des Parteiinteresses.

Diese beiden Leben des deutschen Volkes, das politische und das wirtschaftliche, das Parteileben und das Vereinswesen, gingen, so haben wir dargelegt, nebeneinander ohne eine engere Fühlung, als die der Formalismus der Eingaben an die Reichsbehörden und den Reichstag oder der Zufall persönlicher Beziehungen zuließe. Dabei seien die industriellen Unternehmer mehr als andere wirtschaftliche Gruppen auf dieses Fürsichleben angewiesen, weil sie — bisher — ihrer verhältnismäßig geringen Zahl wegen von den Parteien als quantité négligeable betrachtet würden. Namentlich auf dem großen Hauptgebiet, der Sozialpolitik, das die Unternehmer unausgesetzt tätig bebauen, freiwillig und über den gesetzlichen Zwang hinaus, fehle die Wechselbeziehung zwischen Industrie und Parlamentarismus fast vollständig. Die Sozialpolitik sei in erster Linie der Kampfplatz der Parteien, wo sie demagogisch um die Wählermasse würben.

Aber gerade die Sozialpolitik sei es, welche den Parlamentarismus zu der Krise geführt habe, vor welcher er heute steht. Hier zeige sich die innere Unmöglichkeit seines Ausbaues zuerst; die Sozialreform, anstatt die Massen zu befriedigen, erweckte deren Begehrlichkeit und steigerte sie zur Unersättlichkeit; dabei seien es nicht einmal die Massen selbst, welche befriedigt werden müßten, sondern deren Führer, die von der Gunst der Masse abhängig seien; wie die Führer der übrigen Parteien mehr um die Stellung ihrer Partei als um das Wohl ihrer Wähler sorgten, wenn sie den eigentlichen Massenführern den Rang ablaufen wollen. Dies sei der circulus vitiosus, in dem sich der rein demokratische Parlamentarismus bewege, und dessen Gefahren hielten sich nun auch allmählich diejenigen Parteien vor Augen, „die sich neben der Sorge um die Wähler als Wähler noch ein ernstes politisches Gewissen, ein vaterländisches Empfinden und das Bewußtsein einer Verantwortung vor der Geschichte bewahrt haben".

Wir konnten demgemäß die Anzeichen einer Umkehr feststellen. Es werden von diesen Parteien die aus industriellen Kreisen kommenden Klagen über die politische Einflußlosigkeit der Industrie ernstlich beachtet, und die Erörterungen über Industriepolitik in Parteiversammlungen und in der Parteipresse nehmen bereits einen ansehnlichen Raum ein. Die „National-Zeitung" gibt sogar neuerdings zu, daß in dem Kampf um die preußische Wahlreform die großen wirtschaftlichen Interessenverbände mehr als jemals sonst bei staatspolitischen Fragen hineingezogen worden sind. Ja, die „Kreuzzeitung" spricht davon, daß mehr als die politischen Parteien die großen Wirtschaftsverbände durch diesen Kampf in ihren Tiefen aufgewühlt worden seien. In der Tat haben unsere Ausführungen (in Nr. 21 der „Deutschen Industrie-Zeitung") über das preußische Wahlrecht, die ein Protest waren gegen die Uebertragung des Reichstagswahlrechts auf Preußen, in der Presse aller Parteien eine Beachtung gefunden, deren sich bisher Kundgebungen aus den Kreisen der Industrie nicht zu erfreuen hatten. Damit sind zu unseren früheren Feststellungen neue Tatsachen hinzugetreten.

An jene Feststellung, daß die Parteien anfangen, sich mehr um die Industrie zu kümmern, als das seit einer langen Reihe von Jahren der Fall war, haben wir die Mahnung an die Industrie geknüpft, ihre zersplitterten Kräfte zu sammeln, um ihre Macht nicht nur gelegentlich der nächsten Wahlen zum Reichstag, sondern darüber hinaus dauernd zur Geltung zu bringen. Daran schlossen wir eine Betrachtung und Darstellung der wichtigsten bisherigen Sammelpunkte der industriellen Interessenvertretung, als deren bedeutungsvollste wir den Centralverband Deutscher Industrieller und seine Tätigkeit schilderten.

Daß auch in der letzten großen politischen Kampagne, dem Kampf um das preußische Wahlrecht, der Centralverband Deutscher Industrieller und unsere Kundgebung eine so große Bewegung entfacht hat, das ist ein neuer Hinweis darauf, mit wieviel Nachdruck die geeinte Industrie ihre Stellung im öffentlichen Leben verteidigen könnte.

Trotzdem geben wir zu, daß die politischen Parteien noch durch andere Erwägungen dazu gelangt sind, der Industrie ihre Aufmerksamkeit zuzuwenden.

XVIII.

Wir denken dabei nicht an den industriellen Wahlfonds, — übrigens auch eine Schöpfung des Centralverbandes Deutscher Industrieller, die ihm niemand nachmachen kann. Wenn der Bund der Industriellen seinem innersten Wesen nach wirklich einen so großen Gegensatz zum Centralverband bilden würde, wenn er wirklich in sich die Fertigindustrie vereinigte und der Centralverband der Vertreter nur der „schweren" Industrie wäre, wenn in der Tat die Fertigindustrie in der „schweren" ihren Antipoden erblickte, so wäre es dem „Bund" ein leichtes gewesen, einen Wahlfonds der Fertigindustrie zu sammeln, mit dem er dem Wahlfonds der „Schweren" ein Paroli hätte biegen können.

Das wäre ja freilich ein anmutiges Bild gewesen!

Aber gerade weil diese Gegensätze nicht entscheidende sind, ist der jetzt gesammelte Wahlfonds nicht ein solcher der schweren Industrie, nicht ein solcher, der nur aus den Beiträgen der Zechen und der großen Eisenwerke zusammengesetzt wäre, sondern ein solcher, zu dem alle Industriegruppen beigesteuert haben, und zwar beigesteuert in dem vollen Bewußtsein der ernsten Lage, in welcher sich die Industrie als Ganzes dem Parlamentarismus gegenüber befindet und mit dem Willen, dieser unerträglichen Lage ein Ende zu bereiten.

Gewiß richten sich die Augen der Führer nicht nur einer Partei auf diesen industriellen Wahlfonds. Ohne solche Spekulationen ist nun einmal keine praktische Politik zu machen. Aber ein Wahlfonds, und selbst ein recht beträchtlicher, ist doch ein sehr vergängliches und nach seiner Erschöpfung leicht vergessenes Ding ohne eine sichere nachhaltige Wirkung. Und die Krise, in welcher sich der ganze Parlamentarismus befindet, ist nicht nur ein Schielen nach den Wahlgeldern. Eine solche Politik hätte einen kurzen Atem. Man stände nach den Wahlen wieder am alten Fleck.

Was die staatserhaltenden Parteien bestimmt, ihre Stellung der Industrie gegenüber einer Revision zu unterziehen, das ist das bange Gefühl, daß sie durch ihre bisher wenig freundliche, zum Teil feindliche Haltung gegenüber der Industrie die Grundlagen der deutschen Volkswirtschaft gefährdet, sogar geschwächt haben, während es ihnen anderseits nicht gelungen ist, durch ihre auf Kosten der Industrie den breiten Massen gemachten Zugeständnisse die Begehrlichkeit dieser Massen zu beruhigen. Wir wiederholen, es handelt sich im Grunde nicht um die Begehrlichkeit der Massen selbst, sondern um ihre Führer.

Alles, was nach der linksliberalen und demokratischen Richtung hin gewährt worden ist, in bezug auf Sozialpolitik, in der Richtung der Steuer- und Handelspolitik, des Vereins- und Versammlungsrechts, des Wahlrechts, der Selbstverwaltung usw., das hat nur dazu gedient, weitere Wünsche zu erwecken und die Demokratisierung aller Einrichtungen mit Riesenschritten der reinen Demokratie entgegenzuführen, während ein Stück nach dem anderen aus dem sicheren Bau des bestehenden Staates losgelöst wurde und selbst dessen Grundmauern gefährdet zu werden drohen. Trotz aller Fortschritte der sozialen Gesetzgebung, trotz aller Leistungen der durch den Staat unterstützten und geförderten öffentlichen Einrichtungen, trotz der Hebung der unteren Volksschichten und der steigenden Belastung der oberen, trotz der unter dem Schutz des modernsten Staates sich vollziehenden großartigen Entwickelung der Städte, der Verkehrsanstalten und Bildungsstätten, trotzdem Deutschland sich aus einem Auswanderungs- in ein Einwanderungsland verwandelt hat, trotz der unvergleichlichen Erhöhung der wirtschaftlichen Machtstellung Deutschlands, trotz aller dieser Errungenschaften, die in erster Linie der jahrzehntelangen unausgesetzten Tätigkeit der deutschen Industrie und ihrer Leiter zu verdanken sind, und die ausnahmslos den breiten Massen zugute kommen, wächst die sozialdemokratische Hochflut, wird die Sprache der sozialdemokratischen Führer anmaßender.

Und was das Traurigste in unserem politischen Leben ist: je kühner die Sozialdemokratie ihr Haupt erhebt, um so blinder folgen die linksliberalen bürgerlichen Parteien der Strömung, in der trügerischen Hoffnung, sie könnten die sozialdemokratischen Wasser auf ihre alten demokratischen Mühlen leiten. Der alte und doch kurze politische Verstand dieses linksliberalen, kritelnden und nörgelnden, alles besser wissenden Spießbürgertums sagt sich noch immer nicht, daß es von jeher die Vorarbeit für die Sozialdemokratie geleistet hat.

Aber wir wollen hier keine Parteipolitik treiben, zu den Parteien und ähnlichem im einzelnen jetzt nicht Stellung nehmen, wenn wir auch vieles zu sagen hätten und jede etwas auf dem Kerbholz hat, die nationalliberale nicht wenig, weniger, aber doch einiges, die freikonservative, recht viel die konservative Partei und das Zentrum. Sie kommen vielleicht, ja gewiß, auch einmal an die Reihe. Jetzt handelt es sich darum, ganz allgemein die fatale Lage des deutschen Parlamentarismus, vorab des Reichstagsparlamentarismus zu kennzeichnen und festzustellen, daß er an dem kritischen Punkt angelangt ist, wo die reine Partei- und Wahltaktik versagt und wieder einmal das Ganze, das Wohl und die Interessen des deutschen Volkes maßgebend werden muß.

Und nun kommt es für die Industrie darauf an, daß sie diesen kritischen Augenblick nicht vorübergehen läßt, ohne die Schlußfolgerungen aus dem Vergangenen zu ziehen.

XIX.

Das erste, worauf sich die Industrie zu besinnen hat, bevor sie überhaupt daran denken kann, eine einheitliche und starke Industriepolitik zu betreiben, ist die Einigkeit in sich. Eine Industrie, die selbst in Parteien zerfällt, wird von den politischen Parteien mißhandelt. Ein Teil wird von diesen gegen die anderen Teile ausgespielt und zwar nur im parteitaktischen Interesse. Nicht das Wohl und Gedeihen der Industrie, sondern die Erwägung, was diese oder jene Richtung innerhalb der Industrie dieser oder jener Fraktion im Parlament in einem gegebenen Augenblicke nützen kann, gibt den Ausschlag. Solange es möglich ist, daß sich Sozialdemokraten, linksliberale Abgeordnete oder die Demokraten des Zentrums auf ein angeblich größeres sozialpolitisches Entgegenkommen des Bundes der Industriellen oder die angeblich freihändlerischen Neigungen der Fertigindustrie berufen können, werden nicht nur die Interessen der anderen industriellen Gruppen, die man sozial- und handelspolitisch als rückständig bezeichnet, verletzt, sondern auch die Interessen derjenigen Industrien, die sich der Liebe der demokratischen Parteien erfreuen; denn die Industrie ist ein eng zusammenhängendes Ganzes, dessen Teile voneinander durchaus abhängig sind. Und der Schaden ist um so größer, weil die Ansprüche der Linken nicht einmalige sind, sondern von Stufe zu Stufe immer weitergehen und unersättlich sind. Die industriellen Gruppen also, die der Linken Handlangerdienste leisten, würden mit Notwendigkeit immer größere Zugeständnisse machen müssen und nie das Ziel erreichen, das ihnen vorschwebt, nämlich sozialpolitisch: eine Verbesserung des Verhältnisses zwischen den Unternehmern und ihren Angestellten und Arbeitern, und handelspolitisch: bessere Handelsverträge. Es ist ganz unausbleiblich, daß sie auf diesem Wege an einem Punkte anlangen werden, wo auch sie einsehen, daß sie nicht nur nicht mehr weiter können, sondern schon zu weit gegangen sind, und wo ihre parlamentarischen Vertreter erkennen, daß sie eine Verantwortung auf sich geladen haben, die sie nicht mehr tragen können.

Wenn nicht zu großer Schaden gestiftet würde, so könnte man die Entwickelung ruhig abwarten, sich gedulden, bis diese Uebelberatenen durch ihre Taten zur Besinnung kämen und sich von den sie umwerbenden politischen Strömungen abwendeten, kehrtmachten und sich mit dem besonneneren Teile der Industrie vereinigten. Eine so späte Einigung wäre aber zu teuer erkauft, der Schaden nicht wieder gutzumachen.

Und — wir haben keine Zeit, das abzuwarten!

Die Reichstagswahlen stehen vor der Tür! Wir fürchten, daß es schon jetzt zu spät ist, bei dieser Gelegenheit, auch wenn die Industrie sich jetzt schon sofort einigte, für die Industrie etwas herauszuholen oder auch nur den parlamentarischen Besitzstand zu retten. Ja, man ist nahezu versucht, einen beispiellosen Erfolg der Sozialdemokratie bei den nächsten Wahlen, eine Verdoppelung der gegenwärtigen Zahl ihrer Abgeordneten oder noch mehr herbeizuwünschen, weil das vielleicht die wirksamste, die einzig wirksame Mahnung nicht nur an die Industrie, sondern an die ganze bürgerliche Gesellschaft ist, ihrer inneren Zersplitterung, ihrem politischen Kleinmut und ihrer Gleichgültigkeit gegenüber dem politischen Leben ein Ende zu bereiten, sie aus ihrer Lethargie und Indolenz aufzurütteln und an ihre Pflichten gegen sich selbst und den sie beschützenden Staat zu erinnern. Wir halten es für möglich, daß erst ein ungeheurer Wahlerfolg der Sozialdemokratie imstande ist, die Einigung der Industrie unter einer Fahne herbeizuführen. Wenn dem so wäre, so müssen wir — schweren Herzens — eine solche Niederlage der staatserhaltenden Parteien herbeiwünschen.

Die nächsten Reichstagswahlen werden voraussichtlich unter dem Zeichen der Reichsfinanzreform und der preußischen Wahlrechtsreform gekämpft werden.

Die Reichsfinanzreform war gewiß kein Meisterstück, weder in den Entwürfen der Regierung, noch nach der Mehrheit des Reichstags. Aber wäre es denn anders gekommen, wenn der „Block" Bülows die Finanzreform gemacht hätte? Wir glauben, es wäre noch schlimmer geworden. Der „Block" hatte sich viele Monate damit abgequält, umsonst! Er — konnte nicht. Was wäre im besten Falle herausgekommen? Weder an Besitz- noch an direkten Steuern hätte der „Block" genug aufgebracht. Die Reform hätte im besten Falle für zwei Dritteile des Bedarfs ausgereicht, und wir würden zwei, drei Jahre nachher vor einer dringenderen Reform gestanden haben. Oder hätte eine solche halbe Reform die politische Verwirrung verhindert? Mit nichten! Fürst Bülow hätte das Reichskanzlerpalais geräumt, nur — vielleicht -- etwas später, Herr Sydow ganz sicher das Palais am Wilhelmsplatz; denn jede Reichsfinanzreform kostet einen Schatzsekretär. Der „Block" wäre ebenso zerfallen. Die Konservativen, weil sie nicht genug Besitzsteuern bewilligt hätten, wären der Zielpunkt der gleichen liberalen Angriffe. Die Nationalliberalen hätten ebensolange am Scheidewege gestanden, die linksliberalen Parteien hätten ohnehin ihren Zusammenschluß angestrebt. Der Block von Bassermann bis Bebel würde ebensooft in Erwägung gezogen. Haußmann hätte ebenso höflich an Bebel, Bebel ebenso grob an Haußmann geschrieben. Der Zentrumsturm stände so fest wie je. Die Sozialdemokraten hätten bei den Wahlen in die Landtage und bei den Ersatzwahlen zum Reichstag die gleichen Erfolge erzielt und wir gingen mit den gleichen Aussichten den nächsten Reichstagswahlen entgegen, wie wir es jetzt tun. Dieselben liberalen Redner, die gegen die Agrarier die Not des Reiches ausspielten, wären in Verlegenheit gewesen, wenn sie in denselben Tönen die breiten Massen zur Bewilligung von indirekten Steuern hätten aufmuntern müssen. Es war Florianspolitik, die getrieben wurde. Die Protestversammlung im Zirkus Schumann war der entsprechende Schlußakt. Da waren nicht viele, die aufrichtig bereit waren, Steuern auf die eigenen

Schultern zu übernehmen, so aufrichtig wie die Industrie, die wirklich zu ihrer bisherigen hohen Belastung auch die Besitzsteuern der Regierungsvorlage auf sich nehmen wollte. Und diese Reichsfinanzreform, bei deren Lösung sich sicherlich der Linksliberalismus keine Lorbeern geholt hat, die ein Knäuel von Drückebergereien aller Parteien war, die gerade wegen der Widerwilligkeit der liberalen Parteien gegen belangreiche indirekte Steuern die Abwälzung der zu niedrigen Verbrauchssteuern in mehrfachem, ja vielfachem Betrage auf die Verbraucher im Gefolge gehabt und dadurch Unzufriedenheit in die breitesten Schichten selbst der bürgerlichen Kreise hineingetragen hat, diese Finanzreform soll das Losungswort abgeben für die nächsten Reichstagswahlen, nicht nur das Losungswort der Sozialdemokratie, sondern auch der linksliberalen Parteien! Und es scheint, daß der Nationalliberalismus in seiner Hilflosigkeit sich desselben ebenfalls bemächtigen will. Der Liberalismus ahnt nicht einmal, wessen Geschäfte er damit besorgt und wie er dabei zu seiner eigenen Schwächung und zur Stärkung der Sozialdemokratie entscheidend mitwirkt!

Und die andere Parole, die preußische Wahlrechtsreform! Dem deutschen Volk soll weis gemacht werden, Preußen sei rückständig, hinter den anderen deutschen Bundesstaaten zurückgeblieben, es werde schlecht verwaltet, denn unter der Herrschaft des Klassenwahlrechts hätten Junker und Plutokraten die Oberhand. Dem deutschen Volk soll glauben gemacht werden, das preußische Wahlrecht sei ein Hindernis für den Fortschritt Deutschlands; es unterbinde die Volksrechte, sei ein Feind der Freiheit. Die einzige Rettung könne dem deutschen Volke die Einführung des allgemeinen und gleichen, geheimen und direkten Wahlrechts in Preußen bringen. Es bedeute die Beseitigung der Klassenherrschaft, Fortschritt und Freiheit und was dergleichen Dinge mehr sind. Wir verlieren an dieser Stelle kein Wort hierüber; wir haben in der „Deutschen Industrie-Zeitung" (Nr. 21, 1910) bereits gesagt, was wir von der Einführung des Reichstagswahlrechts in Preußen denken und warum wir mißtrauisch sind gegenüber jedem Versuch, das preußische Wahlrecht umzuformen. Aber die Frage wird bei den nächsten Reichstagswahlen eine erste Rolle spielen; Sozialdemokratie und Linksliberalismus werden hier im Bunde stehen, und die nationalliberale Partei wird im Wahlkampf das Wahlprogramm des Magdeburger Parteitages als letztes Ziel kaum einhalten; sie wird, dem Zuge nach links nachgebend, darüber hinausgehende Versprechungen machen. Dafür werden die Jungen unter 40 Jahren sorgen.

Bei der gegenwärtigen parteipolitischen Lage wird die Industrie also von den Reichstagswahlen für sich wenig oder nichts zu erwarten haben, selbst dann, wenn sie sich noch vorher zu gemeinschaftlichem Tun zusammenfinden sollte. Sie kann im besten Falle in einigen wenigen, stark umstrittenen Wahlkreisen mitsprechen, Seitensprünge eigener Gruppen oder des Hansa-Bundes verhindern, und da wird den entscheidenden Einfluß der bereits geschaffene industrielle Wahlfonds geltend machen können. Aber im großen und ganzen wird die Industrie bei den nächsten Wahlen das reine Nachsehen haben.

Auch ist kaum zu erwarten, daß sich in der Zwischenzeit irgendein großes nationales Schlagwort, irgendein großes Ereignis einstellt, das die staatserhaltenden Parteien zur Besinnung erwecken und um eine gemeinsame Fahne sammeln könnte. Von der Regierung ist ebensowenig ein starkes Wahlprogramm zu erwarten.

Die Einigung der Industrie muß also — wenn sie auch das Nächste nicht aus dem Auge lassen darf — weitere Ziele ins Auge fassen, die über die nächsten Wahlen hinaus liegen und die gerade wegen des voraussichtlichen Ausganges der Wahlen ein um so festeres Zusammenhalten erfordern, ja zur Lebensbedingung machen. Denn da winken die alten, aber immer neuen Fragen der Handels- und Sozialpolitik, des Verkehrs, der Reichs-, Staats- und Gemeinde-Finanzwirtschaft und immer aufdringlicher die Wahlreformfragen, daneben aber tausend andere alte und neue Probleme!

Wenn in Zukunft die Industrie nicht einig werden kann, wenn ihre Gruppen sich nicht zusammenfinden können, so wird sie unter der neuen Parteikonstellation erst recht und noch mehr als bisher ein Spielball der Parteien sein. Noch weniger als bisher werden sich die Regierungen des Reiches und der Einzelstaaten dem Zuge nach links widersetzen können. Was soll aus den nächsten Handelsverträgen werden, wenn die Industrie nicht einig ist? Wie sollen wir für die Verhandlungen mit anderen Ländern tüchtige Unterhandlungswerkzeuge bekommen, wie zielbewußte und sichere Unterhändler finden, wenn die Industrie sich in freihändlerische und schutzzöllnerische Gruppen auflöst und der Kampf zwischen schwerer und leichter Industrie fortbesteht? Wie soll die Industrie dem sozialpolitischen Wettbewerb der Parteien einen Damm entgegensetzen, wenn sie nicht einig ist wenigstens über die großen Grundlinien der Sozialpolitik? Wie soll sie wirksam die immer schwerere Belastung durch die direkten Steuern von sich abwehren, wenn sie gegenüber der Finanzwirtschaft des Reichstages, der einzelstaatlichen und Gemeindeparlamente nicht mit vereinter Kraft deren verderbliche Wirkung nachweisen kann? Und in allen Dingen, wird sie sich nicht ein ungleich größeres Ansehen gegenüber den Parteiströmungen und den Gegnern auch in den bürgerlichen Kreisen, gegenüber dem Mittelstand, gegenüber den einseitigen Agrariern und nicht am wenigsten gegenüber ihren eigenen Angestellten und Arbeitern gewinnen, wenn sie infolge ihrer Einigung imstande ist, für diese alle ihre grundlegende Bedeutung durch gemeinschaftliche Arbeit, auf dem Boden eines tiefgreifenden und umfassenden Ausbaues ihrer gesamten Interessenvertretung und der Zusammenfassung ihrer geistigen und materiellen Hilfskräfte, darzutun?

XX.

Nicht darin darf die Industrie die Lösung dieser Aufgaben erblicken, daß sie die Arbeitgeberverbände mit einer besonderen Arbeitgeberpolitik unter Beschränkung auf die Sozialpolitik betraut. Diese Verbände dürfen nicht mehr sein, als Kampforgane gegen die Streiktaktik der sozialdemokratischen Gewerkschaften. Sie wären nicht imstande, Industriepolitik im weitesten Sinne zu betreiben. Die Ueberzeugung von der Unzulänglichkeit, ja Unmöglichkeit eines solchen Planes ist übrigens in der Industrie bereits Gemeingut geworden.

Auch auf den Hansa-Bund darf sich die Industrie nicht zuviel verlassen. Sie ist nicht sicher, ob er sie in Sozial- und Handelspolitik nicht im Stiche läßt. In der preußischen Wahlreformfrage war er übel beraten. Aber ihre Einigung wird der Industrie im Hansa-Bund eine sichere Stellung geben.

Die Schaffung eines industriellen Wahlfonds erschöpft ebensowenig die industriepolitischen Aufgaben. Daß er da ist, ist von größtem Wert; er wird aber erst recht und dauernd wirksam, wenn er die geeinte Industrie hinter sich hat, nicht nur mit ihren unerschöpflichen materiellen, sondern auch den zusammenarbeitenden geistigen Mitteln.

Ein sachliches, kontradiktorisches oder begutachtendes Zusammenarbeiten von Industrievertretern mit parlamentarischen Kommissionen oder Parteiausschüssen, wie ein von Düsseldorf ausgehender Vorschlag lautet, ist gewiß sehr erwünscht, aber erst dann wirksam, wenn die Industrievertreter nicht Abgeordnete einzelner Industriegruppen, die sich vor den Parlamentariern in den Haaren liegen, sind, sondern Fachleute, die die ganze Industrie hinter sich haben. Die industriellen inneren Streitfragen sollen nicht vor Reichstagskommissionen ausgefochten werden, sondern intra muros. Das ist eine Vorbedingung wirksamen Einflusses der Industrie. Was nützt es der Industrie, wenn untergeordnete innere Streitfragen der Industrie zu politischen Parteifragen aufgebauscht werden?

Was der Industrie nottut, das ist die Zusammenfassung und der Ausbau ihrer gesamten Interessenvertretung und deren Ausstattung mit materiellen und geistigen Mitteln weit über den bisherigen Umfang hinaus; denn die Machtfrage ist zugleich eine Organisations- und eine Geldfrage.

Wir stehen nicht an, es auszusprechen, daß die Leistungen der Industrie für ihre Interessenvertretung durchaus nicht ihrer Bedeutung für das deutsche Wirtschaftsleben entsprechen. Man würde zu einem für die Industrie beschämenden Ergebnis gelangen, wenn man statistisch feststellte, welchen Gesamtbetrag sie für ihre Interessenvertretung jährlich verausgabt, und wenn man diesen Betrag mit den Einnahmen der sozialdemokratischen Gewerkschaften vergliche. Dabei wird noch das, was wirklich geleistet wird, durch die Zersplitterung und mangelnde Einheit der Industrie zum Teil unnötig vergeudet, weil es für die inneren Kämpfe verwendet wird. Wohl erfreuen sich einzelne Industriezweige einer sehr weitgehenden Gemeinschaftsarbeit und eines starken Solidaritätsgefühls; sobald aber die Interessenvertretung über das engere Berufsinteresse hinausgeht, da läßt die Intensität der Gemeinschaftsarbeit und der Sinn für Verantwortlichkeit sehr rasch nach, und die großen allgemeinen wirtschaftlichen Verbände haben daher ein schweres Leben.

Die Industriellen müßten sich nur einmal vergegenwärtigen, was für sie die Zollpolitik, die Sozialpolitik und die Syndikatsfrage zu bedeuten haben, und wie es mit der deutschen Industrie heute stünde, wenn nicht die Organe der Interessenvertretung auf diesen Gebieten für sie gekämpft hätten, nicht etwa nur für diejenigen, die Mitglieder der Verbände sind und ihre Beiträge zahlen, sondern auch für die Indolenten und Kurzsichtigen. Die geistige Arbeit, die auf allen diesen Gebieten durch die Interessenvertretung für die Industrie im Laufe der letzten Jahrzehnte geleistet worden ist, ist unmeßbar.

Der gegenwärtigen politischen Lage gegenüber ist aber die Verantwortung der Industrie so unendlich groß geworden, daß weder die bisherigen Leistungen der Industrie für ihre Interessenvertretung genügen, noch die Zersplitterung dieser Leistungen erträglich ist, nicht einmal für die engeren Berufsverbände, noch weniger für die Gemeinschaftsverbände, am wenigsten aber für die große zentrale Interessenvertretung. Die Industrie kann daher nicht mehr länger zögern, den Ausbau ihrer Interessenvertretung in Angriff zu nehmen.

Wenn die Industrie sich ihrer Macht und Stellung im Staat vollkommen bewußt wäre! Wenn sie ihrer Fähigkeit, zu organisieren und ihre Mittel einmal auf ihre Interessenvertretung anwenden und zu höchster Leistungsfähigkeit aufwenden würde!

Die Regierungen suchten und fänden ihre zuverlässigste Stütze in ihr. Sie wäre nicht mehr das Ausbeutungsgebiet im Wettbewerb der Parteien. Die Parteien würben um sie. Die Landwirtschaft würde in ihr den stärksten Bundesgenossen erkennen. Mittelstand und Beamte würden gewahr, daß sie in der Industrie den sichersten Rückhalt haben. Die Arbeiterführer und -verführer hätten kein so leichtes Spiel. Banken, Exporteure und Hansastädte kämen zur Besinnung, was sie der Industrie verdanken. Dabei würden sich der stark organisierten Industrie die tüchtigsten Intelligenzen, die gediegensten Fachleute zur Verfügung stellen.

Und obendrein könnte die Industrie das Bewußtsein haben, daß sie nicht einseitige Interessenvertretung betreibt, vielmehr für das Ganze des deutschen Volkes wirkt, für seine höchste Machtentfaltung und seinen inneren und äußeren Frieden.

Die Berufsstandspolitik des Gewerbe- und Handelsstandes.

Dr. Alexander Tille, vor mehreren Jahren Stellvertreter des Generalsekretärs des Centralverbandes Deutscher Industrieller, seit jener Zeit Syndikus der Handelskammer Saarbrücken und Geschäftsführer der wirtschaftlichen und industriellen Vereine an der Saar, hat längere Zeit an einem Werke gearbeitet, das nunmehr unter dem Titel

„Die Berufsstandspolitik des Gewerbe- und Handelsstandes"
(Berlin 1910, Rosenbaum & Hart. Vier Bände, jeder Band zum Preise von 4 M.)

erschienen ist.

Dem Wunsche des Herrn Dr. Tille nachkommend, lassen wir hier eine ausführliche Inhaltsangabe und Besprechung dieses Werkes folgen. Sie stammt von einer Seite her, die mit den Ideen und Gedankengängen des Verfassers innigst vertraut, deren Darstellung daher als vollkommen zuverlässig zu erachten ist. Es liegt nicht in unserer Absicht, mit der Aufnahme dieser umfangreichen Inhaltsangabe irgend Stellung zu dem Tille'schen Werke zu nehmen. Die Veröffentlichung hat stattgefunden in der Annahme, daß wir unseren Mitgliedern mit ihr einen Dienst erweisen, und in der Hoffnung, daß die Kenntnisnahme von der Inhaltsangabe vielfach Veranlassung zur Anschaffung des Werkes geben wird, das, ganz abgesehen von der dem Verfasser eigentümlichen Art der Darstellung, eine Menge neuer Ideen und Gedanken von hohem Interesse und großer Bedeutung enthält.

Mit der steigenden Notwendigkeit, den noch erhaltenen Rest der gewerblichen Freiheit gegen die heutige Richtung der Reichsgesetzgebung zu verteidigen, tritt unweigerlich an jeden Industriellen und allgemein an jeden Geistesarbeiter in der Gewerbewirtschaft die Aufgabe heran, sich mehr als bisher um öffentliche, insbesondere politische Angelegenheiten zu kümmern, bei jeder öffentlichen Gelegenheit ebenso für die Interessen seines Berufsstandes einzutreten, wie es Landwirte und öffentliche Beamte und neuerdings gewisse Gruppen der niederen gewerblichen Angestellten tun, und jedem öffentlichen Versuche entgegenzutreten, Industrie und Handel herabzusetzen, zu beschränken und über Gebühr zu belasten. Und zwar nicht nur in der politischen Versammlung, in der Provinzial- und Kreisvertretung und in der Stadtverordnetenversammlung, sondern ebenso gegenüber den Angriffen der Presse. Wenn — was selten genug der Fall ist — in irgend einer Zeitung ein Angriff auf irgend eine Beamtengruppe erscheint, so sind flugs drei oder vier Zuschriften an die Redaktion zur Stelle, welche nicht nur richtigstellen, was etwa falsch ist, sondern auch tatsächliche Uebelstände beschönigen oder aus dem Zusammenhange der Verhältnisse als selbstverständlich erklären. Gegen einen allgemeinen Angriff auf industrielle Verhältnisse oder Zustände wehrt sich selten ein Industrieller unmittelbar. So ist es gekommen, daß sich die Presse anderen Berufsständen gegenüber in ihrer Kritik ein großes Maß von Zurückhaltung auferlegt, dem Gewerbe- und Handelsstande aber beliebige Dinge nachzusagen sich getraut. Ganz ähnlich liegen die Verhältnisse auf dem anderen öffentlichen Forum, in der politischen Versammlung. Hier führen bei allen nicht agrarischen und nicht sozialdemokratischen Gruppen fast ausschließlich Beamte den Vorsitz, beherrschen den Vorstand, führen das öffentliche Wort, stellen Anträge, bringen Entschließungen ein, beteiligen sich an den Erörterungen und werben um Anhänger. Aehnliches gilt von zahlreichen Stadtverordnetenversammlungen. Während in Preußen die Hälfte der Stadtverordneten Hausunternehmer sein müssen, haben die Beamten in dem Stadtparlament einen Einfluß, welcher bei der Abstimmung oft die Mehrheit bedeutet.

Daß die unmittelbare, dringende Notwendigkeit besteht, daß Gewerbe und Handel sich gegen Klassenpolitik, Sozialideologie und Beamtenherrschaft politisch aufs äußerste zur Wehr setzen, wird kaum mehr in industriellen Kreisen bestritten. Die Gründung des „Industriellen Wahlfonds“ durch den Zentralverband neben dem Hansabunde legt Zeugnis dafür ab, daß der bedeutendste Teil der deutschen Industrie der Meinung ist, daß der Hansabund in seiner gegenwärtigen Richtung, welche die Verfolgung einer Reihe von Lebensfragen von Industrie und Handwerk ausschließt, zur Wahrnehmung der politischen Gesamtinteressen des gewerblichen Berufsstandes nicht ausreicht. Aber auch mit der Schaffung eines besonderen Wahlfonds ist die politische Arbeit, welche die Industrie unter den heutigen Zeitläuften zu leisten hat, nicht getan. Wessen es bedarf, das ist das öffentliche Eintreten von Tausenden von ertragswirtschaftlichen Geistesarbeitern aus ihren Kreisen für die politische Geltung von Gewerbe und Handel, das öffentliche Eintreten von jedem einzelnen, der dazu fähig ist, in seinem engeren Kreise. Eine solche Tätigkeit setzt nicht nur eine bestimmte Begabung und ein bedeutendes Selbstvertrauen voraus, sondern vor allem ganz bestimmte Kenntnisse auf ganz bestimmten Gebieten. Während sich niemand Auffassungsgabe, Rednergabe, Schlagfertigkeit und Selbstvertrauen geben kann, kann sich jeder dasjenige Maß von Kenntnissen aneignen, welches zur Ausübung einer solchen Tätigkeit erforderlich ist, nachdem einmal die literarischen Hilfsmittel dafür zu Gebote stehen. Diese aber sind gegeben in einem umfassenden Werke von Dr. Alexander Tille „Die Berufsstandspolitik des Gewerbe- und Handelsstandes."

Das Buch ist ein Kompendium dessen, was dazu gehört, um heute eine öffentliche berufsstandspolitische Tätigkeit auszuüben. Es ist ein Lehr- und Handbuch der Berufsstandspolitik im besten Sinne und wendet sich ebenso an den gewerblichen Unternehmer wie an den gewerblichen Angestellten. Es ist kein Buch für eine müßige Stunde, sondern ein Buch der zeitgeforderten, wirtschaftlichen, gesellschaftlichen und politischen Bildung. Es enthält das geistige Rüstzeug eines ganzen Berufsstandes im Kampfe mit anderen Berufsständen. Seine Verbreitung in den weitesten gebildeten Kreisen der Industrie, des Handels, des Handwerks ist dringend wünschenswert. Der Industrielle sollte es nicht nur sich selbst kaufen und studieren, sondern es ebenso seinen leitenden Angestellten geschenkweise zur Verfügung stellen. Er sollte es befreundeten Kaufleuten und Handwerkern zugänglich machen. Er sollte in seinem wirtschaftlichen Verein, in seinem Arbeitgeberverband, in seiner Handelskammer, seiner Ortsgruppe des Hansabundes und in seinem Kasino dafür werben, sollte es kaufmännischen Vereinen und Gewerbevereinen, Handwerkskammern, Innungen und Lesezirkeln zugänglich machen. Wer dazu keine Gelegenheit hat, sollte eine Summe zu seiner kostenlosen Verbreitung in sämtlichen Ortsgruppen des Hansabundes stiften. Wer mit seinem Inhalte nicht vertraut ist, wird künftig schwerlich mehr den Anspruch erheben dürfen, in all den großen politischen Berufsstandsfragen der Zeit auf dem laufenden zu sein. Jeder, der in der Berufsstandspolitik des Gewerbe- und Handelsstandes eine bestimmte Richtung vertritt, wird sich mit ihm auseinandersetzen müssen. Es ist kein Katechismus, welcher Dogmen enthält, sondern eine Enzyklopädie alles in Frage kommenden Wissenswerten, aber eine Enzyklopädie mit systematischer Anlage, welche ein ganzes großes selbständiges Denkgebäude aufbaut, wie es in dieser Weise bisher noch nicht geschaffen worden ist. Es gibt sich als der persönliche Ausdruck der Meinung eines Mannes, der zehn Jahre für die deutsche Industrie in wichtigen Stellungen geistige Arbeit geleistet hat, aber es gibt in allen großen Zügen die Grundanschauungen wieder, von welchen heute der bedeutendste Teil der deutschen Industrie beherrscht ist. Es ist ein wirtschaftliches, gesellschaftliches, politisches Glaubensbekenntnis, das eindrucksvoll vorgetragen ist und dem vermutlich eine nicht unbedeutende Werbekraft innewohnen wird. Seine Einteilung ermöglicht das sofortige Auffinden der Stelle, wo jede Einzelfrage im Rahmen des ganzen behandelt ist, und seine Wärme nimmt den Geist im Lesen gefangen. Niemand sollte sich an seinem Umfang stoßen, der 1500 Seiten beträgt. Die Zeit der Broschüren über die politische Unternehmerbewegung ist vorüber. Versammlungsreden werden schwerlich viele einsichtige bekehren. Für Agitation in der Oeffentlichkeit sorgt der Hansabund in überreichem Maße. Jetzt gilt es geistige Arbeit aller derer, die dazu in Industrie, Handel und Handwerk imstande sind. Ohne diese geistige Arbeit muß die Bewegung, welche so verheißungsvoll begann, verflachen, und schon sind Zeichen dafür da. Erst durch geistige Arbeit vieler Tausender einzelner kann die politische Industriellenbewegung eine geistige Bewegung werden, wie es einst die demokratische Woge in Westeuropa war, oder wie es heute in Deutschland die Zeitkrankheiten des Marxismus, des Paritätsmoralismus und des Kathedersozialismus sind. Zu dieser Lebensaufgabe der industriellen Geistesarbeiter muß jeder Zeit haben. Sie ist nicht in einer flüchtigen Stunde zu erfüllen, sondern nur in ernster Vertiefung in das Wesen der gewerblichen Ertragswirtschaft und ihrer Lebensvoraussetzungen, in der richtigen Einschätzung der geistigen Mächte, welche heute diese Daseinsbedingungen des gewerblichen Erwerbslebens zu untergraben suchen, in der genauen Kenntnis und richtigen Würdigung der deutschen Gesetzgebung in der Hinsicht, wie sie Gewerbe und Handel einseitig belastet, beschränkt und entrechtet, und in der Schaffung eines klaren Einblickes in die heutigen innerpolitischen Verhältnisse des Deutschen Reiches, namentlich hinsichtlich des Zurücktretens der parteipolitischen Gruppen und des Hervortretens klassenpolitischer und berufsstandspolitischer Stimmengruppierung sowie hinsichtlich der möglichen Betätigungsfelder für Gewerbe und Handel.

Das vorliegende Werk gibt ein packendes Bild von all diesen Gebieten, und zwar in vier ungleich starken Bänden, ganz der Eigenart des Stoffes angepaßt. Die vier Bände nennen sich:

1. Die gewerbliche Ertragswirtschaft.
2. Der Geisteskampf gegen die gewerbliche Ertragswirtschaft.
3. Die deutsche Gesetzgebung gegen die gewerbliche Ertragswirtschaft.
4. Die politische Notwehr des Gewerbe- und Handelsstandes.

Jeder dieser Bände bildet für sich ein abgeschlossenes Werk und würde, auch wenn er allein erschienen wäre, seine selbständige Bedeutung haben. Trotzdem aber baut jeder immer auf den Bausteinen auf, welch der vorhergehende zusammengetragen hat, und so ergibt sich doch aus allen vier Bänden ein höheres Ganzes. Ein wirkliches Bild von dem Werke kann natürlich nur die Lektüre des Buches selbst bieten. Trotzdem soll hier wenigstens der Versuch gemacht werden, in einigen groben Strichen seinen Inhalt zu zeichnen.

I. Die gewerbliche Ertragswirtschaft.

Der erste Band bringt die Erlösung von den Dogmen des Marxismus. Es ist das Dogma des Marxismus, daß das Wesen der Wirtschaftstätigkeit in der Erzeugung von Waren bestehe. Darum sind dem Marxismus Mietsgewerbe und Handel, Bank und Börse, Versicherungsgewerbe und selbst der Verkehr schmarotzerhafte Gebilde am Wirtschaftskörper. Die Waren erzeugt nach ihm die Handkraft der Lohnarbeiter. Darum gehört ihr auch der Ertrag der Unternehmung. Da „das Kapital“ denselben dem Lohnarbeiter vorenthält, also an ihm Wirtschaftsraub begeht, so muß er dem Kapital diesen Raub durch Klassenkampferpressung wieder abnehmen. Daher das Recht des Streiks. Das ist in der Nußschale der Sinn des Marxismus. Seine Lehre ist oft bespöttelt und verhöhnt worden. Selbst gläubige Revisionisten haben sie aufgegeben. Werner Sombart glaubt sie zu einer höheren Wahrheit fortgebildet zu haben. Auf zahlreichen deutschen Universitätskathedern aber wird sie noch verschämt oder auch unverschämt gelehrt. Ihre Kinder stehen noch in hohem Ansehen. Der neumarxistische Paritätsmoralismus hat aus den beiden feindlichen Mächten Kapital und Handkraft, welche nach Marx aneinander wechselseitig Wirtschaftsraub begehen, zwei „gleichberechtigte Faktoren“ gemacht, welche miteinander die Friedenspfeife rauchen, Klassenkampftarife schließen, paritätsmoralistische Handkraftnachweise einrichten und im paritätsmoralistischen Fabrikausschuß den Betrieb lahmlegen sollen. Unser ganzes öffentliches Leben, unsere Zeitungsartikel, unsere Parlamentsreden und unsere Gesetzesvorlagen, unsere politische Agitation und unsere modernen Romane triefen förmlich von dem Gegensatze zwischen „Kapital und Arbeit", reden von Kapitalismus als dem Kennzuge unseres Zeitalters und predigen den Handkräften die Emanzipation von der Herrschaft des Kapitals.

Was aber alles aus dem Marxismus auch gemacht worden ist, wie seine Lehren verdreht und kritisiert, im einzelnen als Unsinn widerlegt oder mit Hohn behandelt worden sind — all diese Kritik ist eine rein negative gewesen. — Was am Marxismus falsch ist, haben schon viele gezeigt, und bei dem Eifer, mit dem es gezeigt worden ist, ist oft erreicht worden, daß die falschen Meinungen erst rechte Verbreitung gefunden haben. Aber noch nie ist einer gekommen und hat, unbekümmert um Marx und, ohne mit Marxens Lehren zu liebäugeln, einmal gezeigt: ja wie ist denn eine Unternehmung in Wirklichkeit? Setzt sie sich denn wirklich bloß aus Kapital und Handkraft zusammen? Wenn nicht, aus welchen Dingen noch? In welchem Verhältnis stehen diese Dinge zueinander? Sind sie einander über-, unter- oder nebengeordnet? Ist die Warenerzeugung tatsächlich das Merkmal der Unternehmung? Ist die „nationale Produktion" die Hauptsache? Wenn nicht, worin liegt der Wesenszug der Unternehmung? In dem vorliegenden Werke wird dieser Versuch unternommen auf Grund eines tiefen Eindringens in die neuzeitlichen Verhältnisse. Dieses Buch bietet eine wirklich haltbare Theorie der ertragswirtschaftlichen Unternehmung, die selbständige geistige Erfassung dieses in den letzten Jahren vielfach umstrittenen wirtschaftlichen Gebildes, dem Professor Ehrenberg auf dem Pfade zahlreicher geschichtlicher Einzeluntersuchungen nahe zu kommen sucht, und das hier seine volle theoretische Erfassung findet. Das Buch geht aus von dem Kerne des Wirtschaftslebens, der begreiflicherweise nicht im Arbeiten oder gar im Handkraftregen, sondern naturgemäß im Wirtschaften besteht. Das Wirtschaften ist eine rein geistige Leistung. Es erfordert einen Ueberblick über die wirtschaftlichen Tatsachen, ein wirtschaftliches Ziel und schließt die Fähigkeit ein, Menschen und Dinge, ja selbst Naturkräfte, so zu lenken, daß das Ziel erreicht wird. Im eigentlichen Wirtschaftsleben gibt es zwei Arten des Wirtschaftens, das Wirtschaften auf Ertrag und das Wirtschaften auf eine Sparsumme, das Ertragswirtschaften und das Sparwirtschaften, letzteres oft auch Sparen genannt. Das erstere beherrscht die Erwerbsseite des Lebens, das letztere kommt wesentlich in seiner Verbrauchsseite vor. Das erstere ist der Kern der Unternehmung oder des Betriebes, das letztere der Kern des Haushaltes oder der Verpflegungswirtschaft. Damit beides zustande kommt, ist vor allem ein handelnder Mensch erforderlich, welcher beides auf seine Verantwortung, Rechnung und Gefahr unternimmt. Dieser Unternehmer auf eigene Verantwortung, Rechnung und Gefahr heißt der „Unternehmer" schlechthin. Unternimmt er eine ertragswirtschaftliche Unternehmung, so ist er ein ertragswirtschaftlicher Unternehmer, unternimmt er eine sparwirtschaftliche Unternehmung, so ist er ein Haushaltsunternehmer. Nur 13 Millionen Männer im Deutschen Reiche sind Haushaltsunternehmer und nur 5 Millionen Betriebsunternehmer. „Der Unternehmer als Verantwortlichkeitsträger" das ist das erste große Hauptkapitel des Buches. Es gibt ein in hohem Maße eindrucksvolles Bild von dem erwerbswirtschaftlichen Handeln unter eigener vermögensrechtlicher Verantwortlichkeit und behandelt zugleich die verschiedenen Verantwortlichkeits- und Haftungsstufen der ertragswirtschaftlichen Unternehmung, von der Einzelfirma bis zur Aktiengesellschaft, Genossenschaft und dem der Haftung entzogenen Fideikommiß.

Um eine ertragswirtschaftliche Unternehmung ins Leben zu setzen, bedarf es aber nicht nur des Wagemutes und des Selbstvertrauens, auf eigene Rechnung und Gefahr die Unternehmung zu wagen, und auch nicht nur der Uebernahme der Verantwortlichkeit für deren Ergebnisse und alle aus ihr entspringenden Verbindlichkeiten, sondern vor allem der Beherrschung der von Marx falsch Produktionsmittel genannten Wirtschaftsmittel; diese sind: ertragswirtschaftliche Geisteskraft, Naturkraft und Handkraft, also drei Kräfte, und das allgemeine Objekt allen menschlichen Handelns, die stoffliche Natur, welche unter dem wirtschaftlichen Gesichtspunkte und, soweit ertragswirtschaftliches und sparwirtschaftliches Handeln sie bewertet, Kapital heißt. Um sein Ziel zu erreichen, muß der verantwortliche Unternehmer imstande sein, die Wirtschaftsmittel auf sein Ziel zu lenken. Dazu aber gehört die Herrschaft über sie. Er gewinnt diese kraft seiner Fähigkeit, kraft seines Monopols, die Dinge und Kräfte der Erde wirtschaftlich zu bewerten. Sein Handeln ist die einzig werteschaffende Kraft von Bedeutung, welche es auf der Erde gibt, seitdem das sparwirtschaftliche Handeln der Menschen gegenüber den Dingen, welche ihnen die Erde von selbst gibt, zur Bedeutungslosigkeit herabgesunken ist. Es ist die Quelle aller Werte, und darum vermag es auch denjenigen Kräften Wert zu verleihen, welche nicht imstande sind, Werte zu schaffen, wohl aber von einem Unternehmer zur Werteerzeugung benutzt werden können. Das Unternehmerhandeln unter eigner Verantwortung und Gefahr zeichnet sich vor allen wirtschaftlich verwertbaren Handlungen dadurch aus, daß es in der menschlichen Gesellschaft keinen Tauschwert besitzt. Während man alle anderen Handlungen gegen Entgelt ausüben kann, so dieses nicht. Während es alle Dinge der Erde bewerten kann, so sich selbst nicht. Seine Vergütung liegt nicht in einem festen Tauschwerte, sondern in dem Ertrage, den es den Verhältnissen durch sein ertragswirtschaftliches Wagen abzugewinnen vermag. Ihm allein gehört der Ertrag, den es erwirtschaftet. Alle anderen Kräfte, welche in der Unternehmung aufgehen, gehören zu deren Selbstkosten, für deren Deckung der Unternehmer mit allem, was er hat, und mit seiner Geschäftsehre einsteht. Der Unternehmer ist nicht der „Besitzer," sondern derjenige, unter dessen vermögensrechtlicher Verantwortung und auf dessen Gefahr das Unternehmen ins Werk gesetzt wird. Bei der Aktiengesellschaft sind die Aktionäre die Teilunternehmer. Sie tragen die volle vermögensrechtliche Verantwortlichkeit für das in die Unternehmung versenkte Barkapital, übertragen aber die strafrechtliche Verantwortung für die Handlungen der Unternehmung einem jederzeit absetzbaren Vorstande. Alle vier einzelnen Wirtschaftsmittel erfahren eine ebenso eingehende Behandlung wie der Unternehmer, der sie beschafft, lenkt und lohnt. Der ertragswirtschaftliche Geist, als selbständige menschliche Begabungsform über und neben der wissenschaftlichen, der künstlerischen, der technischen, der militärischen Begabung und seine Rolle in der Menschengeschichte — das ist eines der interessantesten Kapitel der menschlichen Geistesentwicklung. Die Kapitalillusion des Marxismus, der von dem Begriffe des in seinem Nennwerte unveränderlichen Barkapitals als Leihkapitales ausgeht, das fast stetig leise im Kaufwerte sinkt, und nun fordert, dasselbe müsse bei allem Sachkapital ebenso der Fall sein, bei Brachkapital und bei Werbekapital, und daraufhin alle Werteveränderungen des Sachkapitals, das stets Werbekapital ist, als unverdient betrachtet, ist noch nie in derselben Weise ans Licht gestellt worden. Eine besondere Bedeutung kommt den Ausführungen des Kapitalabschnittes in unseren Tagen dadurch zu, daß sie das Werbekapital der Grund- und Hausunternehmungen endlich richtig als Unternehmungskapital bezeichnen, mit dem der Mietsunternehmer genau so auf Ertrag wirtschaftet, der ihm in der Miete wird, wie der Kaufmann mit seinem Warenkapital auf Ertrag, der ihm im Ueberschuß des Verkaufspreises über die Selbstkosten wird. Damit fällt die ganze Ausnahmestellung hin, welche der Bodenkommunismus dem Bodenkapital zu verleihen sucht, und damit die inkonsequenteste Form des Kommunismus, der Bodenkommunismus selbst. Die Geschichte der Gewinnung der Herrschaft über die Naturkräfte, die organischen und die mechanischen, und ihre Verwendung zu ertragswirtschaftlichen Zwecken kann in einem wirtschaftlich-politischen Werke naturgemäß nur kurz behandelt sein. Trotzdem bietet auch diese Darstellung wesentlich neues durch die Hervorhebung des kraftwirtschaftlichen neben dem technischen. Am wenigsten erfreulich für den Sozialisten dürfte das Kapitel „Handkraft“ sein. Es zeigt nicht nur, daß das, was man gemeinhin „Arbeit“ nenut, gar nicht allein oder nicht einmal wesentlich das Werk der Hände ist, sondern es weist der Handkraft auch sonst eine überaus bescheidene Stellung in der Ertragswirtschaft an. Von ihren acht Zweigen — Spekulation, Handel, Verkehr, Mietsgewerbe, Handwerk, Industrie, Bergbau und Landwirtschaft — kommt sie in Spekulation, Handel und Mietsgewerbe gar nicht und im Verkehr kaum vor. Im Handwerk, wo ihr nicht die Naturkraft zur Seite steht, leistet sie nur sehr wenig, und nur in Industrie, Bergbau und Landwirtschaft, wo sie die mechanische bzw. die organische Naturkraft bedienen darf, kommt sie zu einiger Bedeutung als ein Wirtschaftsmittel neben drei anderen, welche sie sämtlich überragen und dieses Ueberragen dadurch beweisen, daß sie allein ohne sie in Spekulation, Handel, Mietsgewerbe und Verkehr den Ertrag schaffen, den Marx für das Werk der Handkraft ausgibt. Wer die Bedeutung des Geistes in der gewerblichen Ertragswirtschaft erfassen lernen will und wer sich bewußt werden will, in welchem Umfange diese durch sittliche und geistige Kräfte bestimmt wird, der kann nichts besseres tun, als sich in dieses Buch zu vertiefen, und wer ein Interesse daran hat, daß andere nicht im Glauben an das Evangelium der Handkraft versinken, sondern sich bewußt bleiben, daß der überlegene Wille und der ertragswirtschaftliche Geist es sind, welche in der Ertragswirtschaft allein bestimmend walten, der gebe ihnen dieses Hohelied des Geistes im Wirtschaftsleben in die Hände.

Aus diesen Abschnitten ergibt sich von selbst, welche Rolle die ertragswirtschaftliche Unternehmung als Erwerbsquelle spielen muß, ein Gegenstand, dem ein eigenes interessantes Kapitel gewidmet ist, das an die Stelle sozialistischer Ansprüche die harten Tatsachen des Wirtschaftslebens setzt und ihnen zum ersten Male in Worten Ausdruck verleiht, welche Gemeingut des deutschen Volkes werden sollten.

An den Unternehmer als Verantwortlichkeitsträger und den Unternehmer als Beherrscher der Wirtschaftsmittel reiht sich ein dritter Hauptabschnitt über den Unternehmer als Gefahrträger. Bekanntlich halten alle diejenigen, welche nicht fähig oder nicht mutig genug dazu sind, um auf eigene Gefahr eine Unternehmung zu wagen, deren Ertrag für unverdient. Einer der Hauptgründe dafür neben der Lehre des Marxismus ist, daß sie das ungeheure Risiko gering achten, das jede Unternehmung einschließt. In einem Kapitel: „Die Gefahrstufen der ertragswirtschaftlichen Unternehmung" werden die Ausdehnung und die verschiedenartigen Formen dieses Risikos jedem zu Gemüte geführt, der sehen und lesen kann. Mietsgewerbe, Handwerk, Landwirtschaft, Bergbau, Verkehr, Handel, Industrie und Spekulation werden nacheinander in anschaulicher nnd sachkundiger Weise auf ihre Gefahrengrade hinsichtlich der Gefährdung ihres Werbekapitals, hinsichtlich der Nichtwiedergewinnung der erforderlichen Quote des Versenkekapitals und hinsichtlich der Wahrscheinlichkeit einer Ertragserzielung untersucht. Dabei bildet die Industrie die Spitze der Pyramide der Gefährdung des Werbekapitals, die Spekulation die Spitze der Pyramide der Gefährdung der Ertragserzielung.

Nach einer kurzen Darstellung der „Drei Erwerbszweige der Neuzeit," welche der Parallelarbeitsteilung in allen Völkern entsprungen sind — Landwirtschaft, Gewerbe einschließlich Industrie und Handel, und abstrakte Betätigung (Beamtentätigkeit und freie Berufstätigkeit), behandelt das Buch die sparwirtschaftliche Unternehmung des Haushaltes als Gegenstück zu der ertragswirtschaftlichen Unternehmung des erwerbswirtschaftlichen Betriebes.

Den Schluß bildet: „Die Politik der Ertragswirtschaft", d. h. diejenige Politik, welche der Staat auf wirtschaftlichem, gesellschaftlichem und politischem Felde befolgen muß, wenn er für die Ertragswirtschaft des Landes alles tun will, was in seinen Kräften steht. Alles Wirtschaften ist eine private Geistestätigkeit. Noch kein Staat, noch keine Gesamtheit hat zu wirtschaften vermocht. Das Genossenschaftswesen hat gezeigt, daß man auch durch Abstimmung gleicher nicht auf Ertrag zu wirtschaften vermag. In diesem Sinne gibt es keine Wirtschaftspolitik, keine Volkswirtschaft, kein Wirtschaften für ein ganzes Volk. Was man gemeinhin so nennt, sind staatliche Maßnahmen, welche wohl imstande sind, hie und da die Faktoren etwas in ihrer Stärke zu beeinflussen, welche in der Ertragswirtschaft tätig sind, die Macht des Staates ist aber auch hier größer darin, zu verhindern, daß diese Faktoren sich entfalten, als darin, sie zu fördern. Im Grunde hängt die Höhe der Wirtschaftswerte, welche ein Volk schafft, von folgenden Faktoren ab: von der Zahl, dem Wagemut, dem Verantwortlichkeitsbewußtsein und der Wirtschaftsmittelbeherrschung der ertragswirtschaftlichen Unternehmer; von der Entwicklungsstufe, welche die ertragswirtschaftlichen Methoden der Zeit erreicht haben; von der Anzahl, den ertragswirtschaftlichen Fähigkeiten und der Ausbildung der ertragswirtschaftlichen Geistesarbeiter; von der Stufe der Beherrschung der Naturkräfte durch den kraftwirtschaftlichen Geist, von der Anzahl und den kraftwirtschaftlichen Fähigkeiten der kraftwirtschaftlichen Geistesarbeiter, von der Stufe der Beherrschung der Handkraft durch den ertragswirtschaftlichen Geist vermöge der natürlichen Dynameokratie der Ertragswirtschaft; von der Anzahl, den Handfähigkeiten, der Ausbildung und der täglichen Arbeitszeit der Handarbeiter sowie von ihrer Hochachtung vor den Leistungen des ertragswirtschaftlichen Unternehmers und des ertragswirtschaftlichen und kraftwirtschaftlichen Geistes und schließlich von der im Volke vorhandenen Kapitalmenge. Auf all diese Dinge hat der Staat nur sehr mittelbaren Einfluß. Er kann sie durch staatliche Maßnahmen wohl wesentlich vermindern, aber kaum wesentlich vermehren. Die Anforderungen, welche die gewerbliche Ertragswirtschaft an die Gesellschaftspolitik, die Steuerpolitik und die Handelspolitik des Staates stellen muß, bilden den Gipfel dieser Ausführungen. „Die gewerbliche Ertragswirtschaft" ist ein objektives Buch, rein sachlich, ohne jede Polemik gegen gegenteilige Meinungen geschrieben, und gibt den tatsächlichen Zuständen des Wirtschaftslebens zum ersten Male in deutscher Sprache Ausdruck, ohne sich von vorgefaßten Theorien irgendwie beeinflussen zu lassen. Sie ermittelt die Tatsachen des Wirtschaftslebens und stellt sie mit überraschender Klarheit so zusammen, daß sie von selbst die erste Theorie der ertragswirtschaftlichen Unternehmung bilden. Es gibt kein Buch der Weltliteratur, das geeigneter wäre, in dem gewerblichen Unternehmer oder in dem gewerblichen Geistesarbeiter überhaupt das Bewußtsein der Größe seiner Bedeutung und seiner Aufgaben großzuziehen. Es ist das Buch der theoretischen Berufsbildung, der Berufsgröße und des Berufsstolzes und darum in hervorragendem Maße geeignet, das politische Rückgrat des Gewerbe- und Handelsstandes zu stählen, der sich nur allzutief vor der abstrakten Wissenschaft und vor den Paragraphen krümmt und bückt.

II. Der Geisteskampf gegen die gewerbliche Ertragswirtschaft.

Der zweite Band von Tilles Berufsstandspolitik wird durch folgende Betrachtung eingeleitet:

„Seit dem sechzehnten Jahrhundert war in Westeuropa die ertragswirtschaftliche Begabung gestiegen. Der kaufmännische Geist hatte gelernt, die wirtschaftlichen Verhältnisse Westeuropas zu überschauen. Unternehmertatkraft und Unternehmerwagemut hatten sich an immer größere ertragswirtschaftliche Aufgaben gewagt. Durch die Indienstnahme der mechanischen Kraft zur gewerblichen Warenherstellung und Warenbewegung stieg seit dem Ende des achtzehnten Jahrhunderts die Menge der auf den Kopf erzeugten Güter. Da der Verbrauch dieser Menge nicht zu folgen vermochte, so stieg das Sparkapital und lieferte damit die Mittel zu großen mechanischen Anlagen. Wenig später machte die liberale Gesellschaftsordnung die gebundenen Menschenkräfte frei und gab ihnen die Möglichkeit, sich entsprechend den vom Unternehmertum für sie neugeschaffenen Tauschwerten zu verwerten. Infolge der immer wachsenden Warenerzeugung, welche mit denselben Kräften geschaffen wurde, entstanden immer mehr Verbrauchsgegenstände auf den Kopf der vorhandenen Menschen. Die Produktivität der Ertragswirtschaft stieg unter immer kraftwirtschaftlicherer Leitung von Jahrzehnt zu Jahrzehnt und machte einen höheren Dinglohn für Handkraft möglich. Die Gründung immer neuer ertragswirtschaftlicher Unternehmungen und die dadurch entstehende Nachfrage nach Mietshandkraft trieb den Dinglohn für sie zu solcher Höhe empor, daß es für Hunderttausende weniger begabte ertragswirtschaftliche Unternehmer lohnender wurde, ihre Handkraft an andere gegen Lohn zu verdingen, statt auf eigene Faust in einer Unternehmung den Kampf um einen Ertrag aufzunehmen.

„Aber die unteren Schichten der europäischen Völker waren noch nicht reif für die Fülle neuer Güter, neuer Freiheit und neuen Aufsteigens, die ihnen das ertragswirtschaftliche Unternehmertum brachte und welche die liberale Gesellschaftsordnung jedem zugänglich machte, welcher überdurchschnittliche Fähigkeiten aufwies. Statt das Mehr an Genuß dankbar zu genießen, das ihnen das neuzeitliche System der Ertragswirtschaft bot, statt die Freiheit auszunützen, welche ihnen die liberale Gesellschaftsordnung über Nacht in den Schoß warf, und statt jeder einzelne sich zu bemühen, durch Erwerbsleistungen auf der gesellschaftlichen Leiter emporzusteigen, fühlten sich die unteren Schichten dadurch gekränkt, daß alles überragende ertragswirtschaftliche Unternehmer entstanden, deren Tatkraft, Verantwortlichkeitsgefühl und Wagemut größer waren als die von Tausenden von Handarbeitern; daß eine besondere Schicht ertragswirtschaftlicher Geistesarbeiter entstand, deren Denken die Welt umspannte, und daß die Verwendung mechanischer Kraft im Gewerbebetriebe unter ihnen eine weitere Schicht kraftwirtschaftlicher Geistesarbeiter schuf. Es bemächtigte sich ihrer ein bitterer Neid darauf, daß die ertragswirtschaftliche und kraftwirtschaftliche Geisteskraft in dem neuen Wirtschaftsleben einen höheren Tauschwert genoß als die Handkraft, und daß das erwerbswirtschaftliche Handeln unter eigener vermögensrechtlicher Verantwortung den Wirtschaftsverhältnissen Erträge abgewann, welche noch über den Tauschwert der ertragswirtschaftlichen und kraftwirtschaftlichen Geisteskraft hinausgingen. Aus diesem Neid wuchs ein bitterer Haß gegen die Schichten mit höherer Wirtschaftsleistung empor, und aus dem natürlichen Menschenstreben, möglichst viel für sich und die Seinen im Erwerbsleben zu erringen, wurde bei den niederen städtischen Volksschichten das Streben, zu verhindern, daß andere mehr erwürben als sie. Nicht das wirtschaftliche Streben nach dem eigenen Nutzen beherrschte sie mehr, sondern an dessen Stelle trat zuoberst der Wunsch, daß andere nicht mehr haben möchten als sie. Aus dieser Wurzel wuchs eine ganze gesellschaftliche Weltanschauung groß, welche, dem Neide entsprungen, sich mit moralistischen Scheingründen schmückte, die invidial-moralistische Weltbetrachtung des Equalismus, Kommunismus, Sozialismus, Koerzitivismus. Aus ihr erwuchs ein grundsätzlicher Kampf gegen die Tatsachen, daß die Menschen sich durch die verschiedenartigsten Begabungen und Leistungen auszeichnen, daß verschiedenartige Kräfte im Wirtschaftsleben einen verschiedenen Zeitwert besitzen, und daß dem erwerbswirtschaftlichen Handeln unter eigener vermögensrechtlicher Verantwortung, welches noch in keiner Gesellschaft einen Tauschwert oder einen Mietswert besessen hat, und dessen wirtschaftliche Bewertung sich allein durch die Höhe der Wertsteigerung des Werbekapitals und der Ertragserzielung bestimmt, der Ertrag der Unternehmungen zufällt. Auf dieser Grundlage erhob sich in den Kulturstaaten der Welt, und am heftigsten, tiefsten und leidenschaftlichsten in Deutschland, ein förmlicher Geisteskampf gegen die Ertragswirtschaft und deren Grundlagen, zuerst getragen von wenigen phantastisch-moralistischen Schwärmern, die den Neid der Masse gegen die Menschen höherer Leistung so tief und heiß empfanden, daß sie sich als Heilande der Unterdurchschnittlichen fühlten und eine Gesellschaftsordnung ausklügelten, welche den höheren Leistern die Früchte ihrer Arbeit nahm und sie den Unfähigen in den Schoß warf. Schließlich überrannte dieser Wahn fast die ganze deutsche Wirtschaftswissenschaft und machte sie zu einem Tummelplatze des Moralismus, des Klassenneides und volksschwächender Sentimente. Während das erwerbswirtschaftliche Handeln in dem immer verwickelter werdenden Getriebe des neuzeitlichen Wirtschaftslebens immer gefahrvoller wurde, und die Zahl derer, welche es noch unter eigener vermögensrechtlicher Verantwortung wagten, immer stärker zusammenschmolz und schließlich kein Zehntel der Volksgenossen mehr ausmachte, erfand der Neid derer, die zur Uebernahme solcher Verantwortung für ihre eigenen erwerbswirtschaftlichen Handlungen zu feig waren, den Satz, das Erwerbswirtschaften unter solcher Verantwortung, die ertragswirtschaftliche Unternehmerleistung, welche doch die Quelle aller wirtschaftlichen Werte ist, sei die Ursache davon, daß die Unfähigen wenig verdienten, oder, wie man das nannte, des Elends der Massen.

Während der ertragswirtschaftliche Geist die Welt umspannen lernte und Gebiete zur Ertragserzielung heranzog, welche Jahrzehntausenden als Ertragsquellen verschlossen geblieben waren, während er Herstellungsvorgänge möglich machte, welche keine Zeit bis dahin gekannt hatte, Absatzorganisationen und Rohstoffbezugswege schuf, welche den Erdball umfaßten, in der Börse einen Wirtschaftsbarometer schuf, welcher automatisch die Wertlage anzeigte, und die Erzeugnisse der Menschenhand bei gleicher Mühe vervielfältigte, erfand der Wahn der Gleichheitsträumer die unerhörte Beschuldigung, daß all dieses Werteschaffen nur den Zweck habe, die handarbeitenden Schichten zu knechten, und rief die Proletarier aller Länder auf, das ertragswirtschaftliche Handeln in staatliche Ketten zu legen, damit es nur der Menschheit nicht mehr wohltun könne. Während der kraftwirtschaftliche Geist die Naturkraft bezwang und in das Maschinenjoch spannte, durch Schaffung an sich ungeheuerlich erscheinender Umwege auf dem Wege der Herstellung von Erzeugnissen die Anfertigung derselben auf einen Bruchteil ihrer früheren Kosten herabdrückte und ihre Menge vermehrte, während er der mechanischen Kraft auflud, was früher Menschenhand hatte leisten müssen, und das Entgelt für Handkraftbetätigung in einem Jahrhundert verdreifachte, fluchte der verträumte Ideolog diesen Leistungen und sah in ihnen nur das Mittel, den Menschen, der nie würdig gewesen war, zu „entwürdigen" und die menschliche Einbildung, von der noch das siebzehnte Jahrhundert nichts gewußt hatte, in den Staub zu treten. Während die Indienstnahme der mechanischen Naturkraft zu ertragswirtschaftlichen Zwecken die Schaffung großer Anlagen und damit den Wagemut zur Versenkung immer wachsender Barkapitalien auf eigene Gefahr notwendig machte und so die Bedeutung des Kapitals für die Ertragswirtschaft steigerte, während der sparwirtschaftliche Geist der besten unter den neuzeitlichen Völkern diesem wirtschaftlichen Zeitbedürfnis durch wachsendes Sparen zu genügen suchte und ihm in solchem Maße genügte, daß er den Leihzinsfuß in hundert Jahren auf die Hälfte herabdrückte, erfand ein Narr die Lehre vom Fluche des Kapitalismus, vom Kapitale als dem Brunnquell alles Uebels, und eine Meute roter Wahnsinniger eröffnete einen Wutkampf gegen diese Grundlage alles Menschendaseins, als wenn dieselbe eine giftige Krankheit darstellte. Während das Unternehmerhandeln das Kapital ebenso beherrschen muß wie ertragswirtschaftlichen Geist, Naturkraft und Handkraft, wenn es einen Ertrag erzielen will, so machte ein wirtschaftlich Irrer das Kapital zum Herrn über die Handkraft und fand in dieser gar nicht vorhandenen und auch nicht möglichen Herrschaft die Ursache einer Fülle eingebildeter Ungerechtigkeit und Vergewaltigung. Während endlich die immer wachsenden Fähigkeiten des ertragswirtschaftlichen Wagemuts und Geistes einzelner auch bloßer menschlicher Handkraft, welche ehedem überhaupt keinen Wirtschaftswert besessen hatte, einen solchen gab und zwar in einer Höhe, wie ihn ehemals selbst die Leistung des selbständigen Handwerkers und Kleinbauern nicht besessen hatte, während sie die ländlichen Scharen mit der städtischen Kultur in Berührung brachten, ihnen Genüsse und eine Versorgung erschlossen, wie sie noch keine Zeit für die Massen gekannt hatte, und jeden fähigen Handkraftträger auf eigene Kosten auf eine höhere Leistungs- und Einkommenstufe hoben, da erfand ein Verbrecher an der Menschheit die Lehre, daß es das „Recht" der blöden Handkraftträger sei, zeitweise all die ertragswirtschaftlichen Leistungen des Unternehmertums still zu stellen und ihm zu Erpressungszwecken ungeheuerlichen Schaden zuzufügen. Ein wirtschaftlicher Jongleur baute eine Begründung für die erhabene Lehre vom Klassenkampfe zusammen, beseitigte die Unternehmerverantwortlichkeit, den ertragswirtschaftlichen Geist und die mechanische Naturkraft aus der neuzeitlichen Industrieunternehmung, sodaß von ihren fünf Bestandteilen nur noch zwei, Kapital und Handkraft, übrig blieben, und deutelte dann drei Bände lang solange an diesen beiden Begriffen herum, bis er soviel Unklarheit geschaffen hatte, daß nur noch wenige merkten, daß er damit garnicht bewiesen hatte, daß es allein die Handkraft sei, welche den Ertrag schaffe."

Dies ist die Grundlage, von welcher aus Tille mit den geistigen Strömungen ins Gericht geht, welche im neunzehnten Jahrhundert die Unternehmerleistung und den ertragswirtschaftlichen Geist herabzusetzen sich gemüht haben und anstelle der wirtschaftlichen Welt, in welcher der Vorteil des einzelnen seine erwerbswirtschaftlichen Handlungen bestimmt, eine invidialmoralistische, equalistische, koerzitive und klassensentimentale Welt aufzubauen versucht haben. Er unterscheidet im Grunde fünf Geistesströmungen, welche sämtlich im Neide der handarbeitenden Schichten gegen die höhere wirtschaftliche Geistesleistung ihre Wurzel haben, und welche er als Equalismus, als Harpagismus, als Klassenkampflehre, als neumarxistischen Paritätsmoralismus und als Wirtschafts- und Klassenmoralismus kennzeichnet. Ihr unkonsequentes Gemisch ist ihm dann dasjenige, was heute unter dem Namen des „Kathedersozialismus" geht. Wer sich über die Kennmale und den ideellen Gehalt dieser Ideologien unterrichten will, der kann tatsächlich nichts besseres tun, als sich von diesem klaren Führer durch dieses Labyrinth der Spekulation führen lassen. Der ideologische Equalismus geht auf nichts mehr und nichts weniger aus, als den Menschen einfach ihre natürlichen Begabungsverschiedenheiten und Leistungsverschiedenheiten abzustreiten und ihnen sämtlich einzureden, daß sie trotz aller augenscheinlichen Verschiedenheiten gleich wären. Das haben sie nun freilich im Anfang allerdings nicht geglaubt. Dann sind sie aber wenigstens auf dem politischen Gebiete darauf hereingefallen und haben geglaubt, daß die öffentliche Meinung in ihrer Wirklichkeit zum Ausdruck kommen und das allgemeine Völkerglück anbrechen werde, wenn man allen das gleiche politische Wahlrecht gebe. Einige Staaten haben diesen Schritt wenigstens in der Theorie, andere sogar in der Wirklichkeit getan. Aber das hat nur die erwerbs- und hauswirtschaftlich Unverantwortlichen zur Herrschaft gebracht. Aus der politischen Isokratie ist der Koerzitivismus erwachsen, die Zwangsgesellschaft, in der der Mehrheitsbeschluß wie in Rousseaus Idealstaate jedem einzelnen alles befehlen kann, seine Ueberzeugung, seine Ehe, seinen Beruf, seinen Aufenthaltsort, in dem es Freiheitsrechte des Staatsbürgers — die sogenannten Menschenrechte von einst — nicht mehr gibt, sondern der Mehrheitsbeschluß jedem sein Lebenslos und die Größe seines Futternapfes zumißt und ihn als Kettenhund in seiner Hundehütte füttert Etwas anderes ist die sozialistische Zukunftsgesellschaft ja nicht. Aus dem Gleichheitswahne und dem allgemeinen Zwangsgedanken folgt dann die Weltanschauung des Kommunismus. Es kann einen sehr verschiedenen Kommunismus geben, z. B. einen Kommunismus der Ehe, des Berufes, der Religion, aber diese Formen des Kommunismus werden gewöhnlich nicht unter dem Worte verstanden, sondern dieses Wort bedeutet vielmehr tatsächlich allein den Kapitalkommunismus, nur daß alle Kommunisten das Wort „Kapital" weglassen, um den Anschein zu erwecken, daß in ihrer luftigen Zukunftsgesellschaft das Kapital nicht ebenso wie überall eine Rolle spiele. Der konsequente Kapitalkommunismus will alles, was die Erde bietet, allen gemeinsam sein lassen, der inkonsequente nur den Boden: dann entsteht der Bodenkommunismus. Wo sich der Kommunismus nur auf die außermenschlichen Wirtschaftsmittel erstreckt, das heißt, nur das zu ertragswirtschaftlichen Zwecken verwendbare Kapital (nicht etwa nur die Produktionsmittel) umfaßt, entsteht der Betriebskommunismus. Alle diese equalistischen Strömungen haben bisher nur zwei positive Erfolge aufzuweisen gehabt und sind im übrigen das Eigentum von wenigen Narren geblieben. Aber diese beiden Folgen sind ernst genug. Die erste ist die politische Isokratie, die Wahlrechtsgleichheit, welche bereits in eine Reihe Großstaaten übergegangen ist, und die zweite ist der Bodenkommunismus, der sich seit einigen Jahren in den städtischen Bodenwertsteigerungssteuern und neuerdings in der in Vorbereitung befindlichen Reichssteuer derselben Art verkörpert. Beide Schritte sind Schritte auf dem Wege zum völligen Kommunismus.

Handelt es sich aber bei allen kommunistischen und sozialistischen Theorien wesentlich um Träumereien, welche sich überhaupt nicht dauernd verwirklichen lassen, so liegt die Sache anders bei zwei Gruppen von Lehren, welche dem Marxismus entspringen. Der abstrakte Marxismus hat folgenden Inhalt: Er geht aus von der Lehre von der Unternehmung, ohne dieselbe jedoch zu nennen. Er stellt sich, als entstünden die Unternehmungen von selbst, und als hätten sie zum Zwecke die Erzeugung von Waren. Der Augenschein lehrt zwar, daß immer erst ein Mensch nötig ist, welcher das nötige Ansehen, den nötigen Kredit genießt, die nötige Verantwortung auf sich nimmt, das Wirtschaftsziel bestimmt, die nötigen Wirtschaftsmittel beschafft und beherrscht; aber das kümmert Marx weiter nicht. Bekanntlich stellt weder Handel, noch Mietsgewerbe, noch Verkehr, noch Spekulation Waren her, aber das ist Marx gleichgültig. Ihm bleibt trotzdem die Produktion von Waren der Kern des Wirtschaftslebens. Er leugnet einfach den ertragswirtschaftlichen Unternehmer, die ertragswirtschaftliche Geisteskraft und die Naturkraft aus der Unternehmung weg, so daß bloß noch Kapital und Handkraft übrig bleiben. Von diesen beiden Wirtschaftsmitteln, welche in der wirklichen Unternehmung nebeneinander stehen und beide ebenso wie ertragswirtschaftlicher Geist und Naturkraft dem beherrschenden Unternehmerwillen unterworfen sind, behauptet er dann, daß die Handkraft den Ertrag schaffe und das Kapital der Handkraft denselben vorenthalte. Ob das möglich ist, untersucht er nicht. Er behauptet es eben. Die Ertragswirtschaft besteht also wesentlich darin, daß die Handkraft sich anstrengt und das Kapital Zins bezieht, also aus Wirtschaftsraub. Gegenüber förmlichem Wirtschaftsraube ist Wirtschaftsraub das einzig richtige Mittel. Marx lehrt denn auch folgerichtig, daß die Handkraft dem Kapitale auf zwei Wegen seinen Raub wieder abzunehmen habe, einmal mittels der politischen Isokratie, indem die Mehrheit der Unfähigen beschließt, daß niemand mehr Wirtschaftsmittel besitzen und wagen dürfe, und sodann mittels einer besonderen Form der Erpressung: der Veranstaltung plötzlicher Notlagen für die Unternehmer, durch Klassenkampf, durch Ausstand.

Auf diesem Boden ist tatsächlich seit 1860 die Lehre vom Klassenkampfe und mit ihr noch eine andere, ihr zwar widersprechende, aber doch mit ihr aus derselben Wurzel stammende Lehre emporgewachsen: der Paritätsmoralismus. Die Lehre vom Klassenkampf fußt auf der marxistischen Annahme, daß der Unternehmer den Ertrag der Unternehmung den Handkräften, denen er von Rechts wegen gehöre, rechtswidrig vorenthalte, und spricht ihnen daher eine besondere gesetzliche Erpressungsfreiheit zu, welche sie allen anderen Volksschichten vorenthält. Während sonst die Schaffung einer Notlage für einen anderen zu dem Zwecke, ihn zu Zugeständnissen zu zwingen, als Erpressung bestraft wird, spricht die Lehre vom Klassenkampf dem Handarbeiter seinem Unternehmer und dessen Mitunternehmern gegenüber ausdrücklich diese Freiheit der Erpressung zu — nicht aber anderen Leuten gegenüber, z. B. nicht gegenüber seinem Schneider und seinem Kolonialwarenhändler. Wo die Gesetzgebung sich auf diesen marxistischen Klassenkampfboden stellt, da statuiert sie ein Ausnahmerecht gegen den Unternehmer, schiebt diesem die Handlung unter, daß er seinen Lohnhandkräften ihre Leistungen nicht entsprechend bezahle, und verfehmt ihn damit als unsittlich. In Wirklichkeit besteht auch nicht der Schatten eines Grundes für einen Anspruch der Handkräfte auf den Unternehmungsertrag, und der Klassenkampf bleibt eine räuberische, sittlich verwerfliche Handlung, eine Form der Erpressung, welche in jedem Kulturstaate wie jede andere Erpressungsform unter Strafe gestellt werden sollte und welche nur von der sittlichen Verrohung verteidigt werden kann.

Während Marx die Unternehmung aus Kapital und Handkraft zusammensetzte und das Kapital zum Vergewaltiger der Handkraft machte, welcher der Handkraft den Ertrag entriß, so stellte sich der Neumarxismus zwar in dem ersten Punkte auf denselben Boden, nicht aber in dem zweiten. Er sah zwar auch in der Unternehmung nur zwei Faktoren, Kapital und Handkraft, aber nicht als feindliche Kräfte, sondern als „gleichberechtigte Faktoren". In der Praxis bedeutete das, daß er die Verantwortlichkeit und das Gefahrtragen des Unternehmers, die ertragswirtschaftliche Geisteskraft, die Naturkraft und das Kapital auf der einen Seite der Handkraft auf der anderen Seite gleichgesetzte, was namentlich in der Spekulation, im Handel und im Mietsgewerbe, in denen die Handkraft gar nicht vorkommt, sehr geistreich ist, im Verkehr, wo sie eine sehr geringe Rolle spielt, mindestens komisch wirkt, im Handwerk, wo sie eine sehr große Rolle spielt, eine Ungerechtigkeit ist und in Landwirtschaft, Bergbau und Industrie eine offenkundige Ungereimtheit darstellt. Das hat aber nicht gehindert, daß alle isokratischen Blätter heute von der „Gleichberechtigung" der Handkräfte im Betriebe faseln und den paritätsmoralistischen Betrieb unter dem verschämten Namen der „konstitutionellen Fabrik" fördern.

Sind schon der Equalismus und der Kommunismus nur Sonderfälle eines gesellschaftlichen Moralismus, welcher moralistische Schablonenkonstruktionen an die Stelle setzt, wo im Wirtschaftsleben verschiedenartige Kräfte walten, so steht doch auch neben diesen Sonderformen noch eine allgemeine Strömung des Moralismus, welche Tille als Wirtschaftsmoralismus oder Klassenmoralismus bezeichnet. Es ist die Lehre, welche das System von Ursache und Folge im Wirtschaftsleben umdreht. In der Ertragswirtschaft bildet die Leistung die Ursache und das dafür erzielte Entgelt die Wirkung. Der Wirtschaftsmoralismus aber lehrt, daß dies Verhältnis umgekehrt werden müsse. Als Ursache stünden die Ansprüche und Bedürfnisse des einzelnen da. Diese müßten vor allem befriedigt werden. Ob er dann auch etwas dafür leisten werde, das werde sich finden. Das ist der Sinn der wirtschaftsmoralistischen Forderung eines „Lebenslohnes", eines „Familienlohnes", der bezahlt werden muß, ganz gleich, ob darüber die nationale Ertragswirtschaft zugrunde geht.

All diese Geistesströmungen hat die deutsche akademische Wirtschaftswissenschaft, welche sich mit Vorliebe „Volkswirtschaft" nennt, gerade als ob sie und nicht das Unternehmertum das Wirtschaften für das Volk besorgte, zu einem mehr oder weniger widerspruchsvollen Gedankengebäude zusammengebaut, in das auch andere Ideologien wie die Verherrlichung des Freihandels und des Verbrauches ihren Einzug gehalten haben. Auf 70 Seiten gibt der Verfasser ein anschauliches Bild dieser Lehre unter Anführung sehr drastischer Beispiele aus den Lehrbüchern des Kathedersozialismus. Brentano und Adolf Wagner, Wilhelm Stieda und Werner Sombart, Heinrich Dietzel und Emil Hammacher werden da in schlagender Weise verarbeitet. Eindringlich weist das Buch nach, wie sich die Anschauungen des Kathedersozialismus die weitesten Beamtenkreise erobert haben und sich bereits heute in der Rechtsprechung widerspiegeln, indem Urteile der höchsten Gerichte erklären, Gehalt und Lohn seien nur Abschlagszahlungen und kein vollständiges Entgelt für die Arbeitsleistung der Angestellten und Lohnarbeiter. Interessant sind auch die Ausführungen über die Einwirkung des Kathedersozialismus auf die deutsche Sprache und über die Prägung immer einseitigerer Sprachmünzen zugunsten der Handkraft und zum Schaden des Wirtschaftsgeistes. Da heißt es:

„Der Umstand, daß ein Menschenalter hindurch der Kathedersozialismus die deutsche Wirtschaftswissenschaft beherrscht hat, hat natürlich nicht ohne Folgen bleiben können für die Prägung der Sprachmünzen für wirtschaftliche und gesellschaftliche Begriffe. Da hat der Kathedersozialismus mit seiner ganzen Einseitigkeit und Gehässigkeit gegen die höhere Wirtschaftsleistung der deutschen Sprache seinen Stempel aufgeprägt und damit eine Ausdruckswelt geschaffen, welche die tatsächlichen Verhältnisse auf den Kopf stellt. Nach seiner Ausdrucksweise ist der Lohnarbeiter der einzige Arbeiter in der Gesellschaft. Er hat nie etwas davon gehört, daß es auch Ertragsarbeiter und Gehaltsarbeiter gibt. Die Handkraft, der Lohnarbeiter, wird schlechthin als „Arbeiter" bezeichnet. Das hat zur Folge, daß er als einziger Träger der wirtschaftlichen Leistung erscheint, während alle anderen Stände nur Drohnen sind und sich ohne Gegenleistung vom Schweiße der Handkräfte mästen lassen. Wenn der Lohnarbeiter der einzige „Arbeiter" ist, dann sind tatsächlich alle anderen Volkskreise eigentlich überflüssig. Welche hohen Aufgaben ihnen auch durch die neuzeitliche Arbeitsteilung in der Ertragswirtschaft zufallen mögen, deren Bewältigung ist ja doch nur Spielerei und keine Arbeit! Obwohl sich alle Volksschichten, welche nicht Lohnarbeiter sind, dadurch selbst aufs tiefste herabsetzen, daß sie den Lohnarbeiter als den einzigen Arbeiter bezeichnen, tun sie es aus lauter Trägheit doch dem Kathedersozialismus nach. Statt von dem Verlangen der Handkräfte nach höheren Löhnen zu sprechen, orakelt man von einer „Arbeiterfrage". Um nur ja dem Worte Handkraft aus dem Wege zu gehen und dem künstlichen Paritätsmoralismus zwischen Unternehmer und Handkraftbesitzer Ausdruck zu geben, hat man zu dem Worte Arbeitgeber das geistvolle Wort „Arbeitnehmer" geschaffen. Nächstens wird man auch statt Schuldner lieber „Geldnehmer" sagen. Das hebt seine Stellung im Verhältnis zum Gläubiger, dem Geldgeber, und macht das Verhältnis „paritätischer". Im wirklichen Wirtschaftsleben ist der Handkraftbesitzer der Verdinger von Handkraft, gerade wie der Kapitalbesitzer der Verleiher von Kapital sein kann. Beide verleihen ihren Besitz nur, weil sie selbst mit ihm nichts anfangen können. Der Handkraftbesitzer ist höchstens ein Empfänger von Arbeitsgelegenheit, aber kein Arbeitnehmer. Der ertragswirtschaftliche Unternehmer erst macht aus dem Regen seiner Hände Arbeit, indem er sie erfolgreich auf ein ertragswirtschaftliches Ziel richtet.

„Ebenso hat infolgedessen in der deutschen Sprache die Tatsache noch nicht Ausdruck gefunden, daß erst die Indienstnahme der Handkraft durch den ertragswirtschaftlichen Willen die Handkraft zur Arbeit und damit zur wirtschaftlichen Bedeutung erhebt, daß es also allein die erfolgreich auf ein ertragswirtschaftliches Ziel gerichtete Handkraft ist, welche auf all die Vorzüge Anspruch erheben darf, welche gedankenloserweise der Arbeit an sich nachgesagt werden. Selbst der Centralverband Deutscher Industrieller nennt sich „zur Förderung und Wahrung nationaler Arbeit“, wo er sagen müßte: „zur Förderung und Wahrung der nationalen Ertragswirtschaft.“ Wenn man immer nur von der „Arbeit“ spricht, wo alle Welt unter diesem Worte „Handkraftbetätigung“ versteht, und nicht vom Ertragswirtschaften, dann macht man sich selbst mit daran schuldig, daß die Zeit das „Ertragswirtschaften“ über der „Arbeit“ und den Unternehmer über dem Handkraftträger vergißt. Während die Stärkung des Volkes an Zahl und Kraft mit jedem Geschlechte die Aufgabe aller Sozialpolitik ist, bezeichnet man die einseitige Gesetzgebung zugunsten der Lohnarbeiterklasse als „sozialpolitische Gesetzgebung“. Der Lohnarbeiter ist heute in der öffentlichen Meinung der Gegenstand der Sozialpolitik an sich und ihr einzig würdiger Gegenstand. Die Reichsklassenversicherung der Lohnarbeiter heißt „sozialpolitische Gesetzgebung“ schlechthin. Der Verein für die Klassenpolitik der Handarbeiter nennt sich „Verein für Sozialpolitik“ und die Gesellschaft zur Aufreizung des Klassenhasses „Gesellschaft für soziale Reform“. Eine Klassengesetzgebung, welche den Handarbeitern immer neue Vorteile in den Schoß wirft, ist eine „fortschrittliche Arbeitnehmerpolitik“. Der Drang der jungen Leute, sich eine Fachbildung fürs Leben zu erwerben, wird dem Kathedersozialismus „Lehrlingszüchtung“, durch die der Unternehmer den „Lohn drücken“ will. Kein Unternehmer kann Lehrlinge „züchten“, wenn keine Jungen dazu da sind. Das Ziel aller ertragswirtschaftlichen Tätigkeit, der Ertrag des Unternehmens, wird zum „Profit“ gestempelt und dadurch als ungehörige Anmaßung beiseite geschoben. Die Ruheversicherung der Lohnarbeiter hat man fertiggebracht, „Invalidenversicherung“ zu nennen, als ob all die alten Lohnarbeiter, welche die Ruherente erhalten, Invaliden wären, welchen das Schlachtfeld des Lohnkampfes ihre Glieder gekostet hat. Selbst der Zusatz „Altersversicherung“ klang noch zu versöhnend. Darum ist er gefallen, und nicht deswegen, weil die eigentliche Altersversicherung eine immer geringere ziffermäßige Rolle spielt. Aber neben den Ruhegehalt des Beamten die Ruherente des Lohnarbeiters zu stellen, das hätte zu friedlich, zu versöhnend geklungen. Darum lieber einen Ausdruck, der ans Schlachtfeld und an Verstümmelung erinnert. Wer recht unverschämt in seinen Forderungen zugunsten der Lohnarbeiter ist, wird als ein „fortgeschrittener Sozialpolitiker“ bezeichnet. Die Träumer und Agitatoren, welche mit ihren Wünschen und Forderungen für den Lohnarbeiter allen wirtschaftlichen Boden unter den Füßen verloren haben, nennt man nicht Klassenmoralisten und Sozialideologen, sondern „Sozialreformer“. Das Wort Reform ist Zeitunfug geworden.

Es bedeutet eigentlich Wiederherstellung einer alten Form und hatte Sinn in einer Zeit, in der man alle bestehenden Verhältnisse für die Entartung eines Paradieszustandes hielt. Es hat aber keinen Sinn mehr, seitdem man weiß, daß es einen solchen angeblichen Idealzustand nie gegeben hat. Aenderung, Neuerung, Verbesserung, Neueinrichtung, Neugestaltung sind die Ausdrücke, die die Sache für den denkenden Menschen treffen. Der Bodenverstaatlicher, der Vertreter einer Bodenwertsteigerungssteuer und ähnlicher Maßnahmen ist dem Kathedersozialisten kein Bodenkommunist, kein Bodensozialist, sondern ein „Bodenreformer". Wer recht weit von den wirtschaftlichen Grundlagen des Volksdaseins und von den Mitbewerbsbedingungen der deutschen Ertragswirtschaft auf dem Weltmarkte absieht und den Anteil der Lohnarbeiter an dem Erträgnis der Unternehmungen so steigern möchte, daß sich kein Kapital mehr für sie findet, der hat das größte „sozialpolitische Verständnis", bewirkt den „sozialpolitischen Ausgleich", ist ein großer „Sozialreformator". Wer sich einbildet, man könne durch Einrichtung mechanischer Gleichheitsanstalten eine Leitung der wirtschaftlichen Unternehmungen schaffen, welche der heutigen Leitung durch das Unternehmertum allein auch nur entfernt gewachsen wäre, der ist nicht ein verbissener Wirtschafts- und Sozialisokrat oder Paritätsmoralist, sondern ein Vertreter der „konstitutionellen Fabrik". Dem Worte Gleichheit und seinen fremdländischen Entsprechungen geht man behutsam aus dem Wege. Das gleiche Wahlrecht heißt bei weitem nicht das gleiche, sondern das „allgemeine". Die Isokratie nennt man „Demokratie", damit nur ja verborgen bleibt, daß ihr Kern in der Gleichheit des Wahlrechtes liege. Selbst die Sozialisokratie hat die Zeit fertig gebracht „Sozialdemokratie" zu nennen. Die Worte Isos oder Equalis kommen in keiner der Bezeichnungen für Kommunismus und Sozialismus vor, welche landesüblich sind. Man legt den Wert auf das „gemeinsame" und „gesellschaftliche", um mit diesen schönfärberischen Worten die Gleichmacherei zu verdecken. So hat der Kathedersozialismus einen Begriffsnebel und Wortnebel geschaffen, welcher nach und nach einen großen Teil des Volkes umsponnen hat und aus welchem erst jetzt die besten Praktiker der Ertragswirtschaft erwachen."

III. Die deutsche Gesetzgebung gegen die gewerbliche Ertragswirtschaft.

Jeder Industrielle hat heute die Empfindung, daß er in der deutschen Reichsgesetzgebung, und in zunehmendem Maße auch in der Gesetzgebung zahlreicher Bundesstaaten, einer feindlichen Macht gegenübersteht, welche unausgesetzt Angriffe auf ihn macht, um ihn zu behindern, wenn er etwas unternehmen will, um ihn zu belasten, wenn er einen Ertrag zu erwirtschaften sucht, um ihn zu demütigen, wenn er seine Geisteskräfte zur Beherrschung der Handkräfte anderer zu benutzen sucht. Diese Empfindung hat sich in den letzten beiden Jahren zu einem dumpfen Grollen verdichtet, welches in offenem Widerstand gegen gesetzgeberische Vorschläge zutage tritt. Dinge, die man früher ruhig hingenommen hätte, bekämpft man heute grundsätzlich, weil sie das Maß der Belastung zum Ueberlaufen bringen würden. Die Erkenntnis, daß es so nicht weiter geht, sondern daß unter allen Umständen mit der herrschenden klassenmoralistischen Gesetzgeberei ein Ende gemacht werden muß, koste es, was es wolle, auch den Preis der Generalaussperrung, ist weiten Unternehmerkreisen bereits eigen. Nur schwer haben sich viele industrielle Kreise entschlossen, überhaupt auf das politische Feld zu treten. Aber es ist die Not der Zeit, die Not der unaufhörlichen Gesetzgeberei gegen sie, was sie dazu zwingt. „Die deutsche Gesetzgebung gegen die gewerbliche Ertragswirtschaft", — das ist nicht gerade ein schmeichelhafter Titel. Aber er hat den Vorzug, daß er die Sache trifft: „In der Geschichte zahlreicher Staaten, wie Englands unter Elisabeth und Preußens unter Friedrich dem Großen", hebt das Vorwort an, „hat die Gesetzgebung zur Förderung der gewerblichen Ertragswirtschaft eine hervorragende Rolle gespielt — . . . Im Norddeutschen Bunde hat diese Gesetzgebung kurze Zeit bestanden und in der Einführung der Gewerbefreiheit ihren Höhepunkt erreicht. Im Deutschen Reiche ist an ihre Stelle unter der Herrschaft ideologischer Geistesströmungen, welche sich in einer Reichstagsmehrheit von Beamten und Literaten und in einer klassenmoralistischen Bundesratsmehrheit verkörpern, eine Gesetzgebung gegen die gewerbliche Ertragswirtschaft getreten. Dieselbe hat die höheren Wirtschaftskräfte ihrer natürlichen politischen Geltung beraubt, entreißt der privaten Ertragswirtschaft immer neue Tätigkeitsgebiete, belastet dieselbe einseitig mit Steuern und Klassenversicherungslasten, setzt Einkünfte aus öffentlichen Mitteln als Preis auf die erwerbswirtschaftliche Unselbständigkeit und legt die natürlichen Kraftverhältnisse der Ertragswirtschaft durch die Einführung moralistischer Konstruktionen in die Betriebe lahm."

So tief die Erbitterung über die herrschende Gesetzgebung heute in industriellen Kreisen auch ist, so werden sich doch wenige Industrielle ein vollständiges Bild davon machen, in welchem Umfange und bis zu welchem Grade die gegenwärtige Gesetzgeberei gegen die innersten Lebensinteressen der gewerblichen Ertragswirtschaft verstößt. Aber wer dieses Bild selbst noch nicht in sich trägt, dem wird es das vorliegende Buch zeigen. Es zerfällt in sechs Hauptabschnitte, welche unter fünf Köpfe verteilt sind. An der Spitze steht die Kürzung der natürlichen politischen Rechte der höheren Wirtschaftskräfte im Deutschen Reiche. Während es stets der Grundsatz des Wirtschaftslebens war, daß die Rechte gleich den Pflichten sein müssen, daß großen Pflichten auch große Rechte entsprechen müssen und kleinen Pflichten auch nur kleine Rechte entsprechen können, und während noch heute Steuerpflicht und Wahlrecht in Preußen sich im wesentlichen auf dieser Grundlage aufbauen, hat die Wahlrechtsgleichheit, die „Isokratie", wie Tille sagt, im Reiche alle höheren Wirtschaftskräfte auf die Wahlmachtstufe der niedersten Handkraft herabgedrückt und es ihnen überlassen, unter diesen widernatürlichen Verhältnissen sich zur politischen Geltung zu bringen. Zum Glück hat die ungeheure Ungleichheit der Wählerzahlen in den einzelnen Wahlkreisen, kraft deren in ländlichen Wahlkreisen der Wähler zehnmal soviel Wahlmacht besitzt wie in den großen städtischen Wahlkreisen, eine absolute Herrschaft der Handkräfte über die Geisteskräfte bisher verhindert. Aber je weiter die industriesoziale Entwicklung Deutschlands fortschreitet, desto sicherer muß sie eines Tages kommen. Beim Reiche ist diese Bewegung nicht stehen geblieben, sondern sie hat bereits in verschiedene, namentlich süddeutsche Bundesstaaten hinübergegriffen, und auch in den übrigen deutschen Staaten sowie in den Stadtvertretungen ist die „Isokratie" ununterbrochen an der Arbeit, die höheren Wirtschaftskräfte lahmzulegen und den Handkräften ihren Wahleinfluß zu steigern. Die ungemein lehrreiche Uebersicht, was auf diesem Gebiete Gewerbe und Handel in den letzten Jahrzehnten an politischem und kommunalem Einfluß verloren haben, wird manchen erstaunen, der in der neuesten Geschichte der deutschen bundesstaatlichen Verfassungen nicht genau Bescheid weiß.

Der zweite Anklagepunkt ist, die „Verdrängung der gewerblichen Ertragswirtschaft durch öffentliche Betriebe und Verwaltungen". Auf 55 Seiten unterzieht der Verfasser diese Entwicklung einer übersichtlichen Gesamtdarstellung, welche durch eingehendes Zahlenmaterial gestützt ist. „Ist das deutsche Volkseinkommen von heute mit 30 Milliarden Mark richtig eingeschätzt, und betragen die Aufwendungen, welche Reich, Staat und Gemeinde machen, zurzeit 6,32 Milliarden Mark, so wäre ein Fünftel der ganzen deutschen Erwerbswirtschaft bereits verstaatlicht. In Wirklichkeit ist der verstaatlichte Bruchteil jedoch noch größer. In jenen 6,32 Milliarden Mark sind nämlich nur die Reinüberschüsse der Staatsbetriebe berücksichtigt. Es ist aber außer acht gelassen, daß diese Reinüberschüsse wieder in staatlichen Betrieben gewonnen werden, welche selbst dem privaten Wettbewerb und damit der Unternehmertätigkeit entrückt sind.“ Berücksichtigt man diesen Umstand, so ergeben die Staatsausgaben 8131 Millionen Mark: „Diese sind von 30 Milliarden Mark Volkseinkommen 27 v. H. oder über ein Viertel. 27 v. H. der deutschen Erwerbswirtschaft bereits in öffentliche Verwaltung übergeführt! Das ist ein Ergebnis, das selbst manchen Staatssozialisten erstaunen dürfte.“ Dabei ist der große Tag der Verstadtlichung der Straßenbahnen und Gasanstalten noch gar nicht gekommen. Dabei entstehen immer neue öffentliche Betriebe und wird für eine Verstaatlichung des gesamten Bergbaues geworben. Die städtischen Monopole nehmen ungeheuerliche Ausdehnung an, und die Monopolpreise für Gas und Elektrizität halten ganze Gewerbezweige zurück. Das Heer der öffentlichen Beamten wächst ununterbrochen. Auf jeden 19. erwerbstätigen Mann im Deutschen Reiche kommt bereits ein leibhaftiger Beamter, und mit Einschluß des Heeres steht jeder siebente erwerbstätige Mann im öffentlichen Dienste. Das stimmt nicht übel mit der Berechnung, wonach über ein Viertel des deutschen Erwerbslebens bereits verstaatlicht ist. „Ein Viertel der Erwerbstätigkeit in öffentlichen Betrieb übergeführt, und ein Siebentel der erwerbstätigen Männer im öffentlichen Dienst! Das ist das staatskommunistische Bild des Deutschland von heute! Dabei hat Adolf Wagner ein Gesetz der immer wachsenden Staatstätigkeit erfunden, und alle „Isokraten“ rufen danach, dem Staate immer neue Funktionen zu übertragen. Neben die Gefahr der Verstaatlichung der Ertragswirtschaft tritt deutlich die Beamtengefahr. „Obgleich bereits jeder zwanzigste Deutsche ein Beamter ist, fühlt sich der Deutsche noch nicht genug regiert, sondern schafft immer neue Beamtenscharen. Nur an die geplanten neuen Beamten der Reichsversicherung zu erinnern. Schmoller hat bereits als Ziel den Zustand hingestellt, in dem die Beamten die Träger alles öffentlichen Lebens im Staate sind.“

„Die Steuerbelastung der gewerblichen Ertragswirtschaft im Reich, Staat und Gemeinde“ entwirft ein Bild von den Verschiebungen der Steuergesetzgebung in Deutschland in den letzten zwanzig Jahren — allein zu Lasten des Gewerbe- und Handelsstandes. Statt der technischen Unterscheidung zwischen direkten und indirekten Steuern braucht der Verfasser diejenige zwischen Erwerbssteuern und Verbrauchssteuern. Ob die Steuer den Erwerb belastet, oder ob sie den Verbrauch belastet, das ist für ihn maßgebend. Da zeigt sich denn eine immer geringere Verbrauchsbelastung und eine immer schwerere Erwerbsbelastung, deren Einzelformen sich wieder auf der gewerblichen Ertragswirtschaft summieren. In den Gemeinden Steigerung der Erwerbsbesteuerung, insbesondere der Hausunternehmung, des Handwerks, des Handels und der Industrie bis zum Dreifachen der Staatseinkommensteuer und unter Kopfsteuern auf die Zahl der beschäftigten Handkräfte; im Bundesstaat eine steigend progressive Einkommensteuer unter Schaffung immer neuer Steuervorrechte für die Schichten mit geringerem Einkommen. Dazu die neuen Vermögenssteuern. Im Reiche das Zurückweichen der Verbrauchssteuer hinter den Erwerbssteuern und den auf Erwerbssteuern gegründeten Matrikularbeiträgen. Dazu in den großen Bundesstaaten die riesenhafte Verkehrssteuer der Eisenbahnüberschüsse, welche in der Hauptsache, d. h. mit Ausschluß der Vergnügungsreisenden und der Vergnügungssendungen, den Erwerb trifft. Im Reiche weiter der Uebergriff in das Steuerbereich der Einzelstaaten durch die Reichserbschaftssteuer und der planmäßige Ausbau von Erwerbssteuern, welche allein Börse, Banken, Mietsgewerbe und Großhandel treffen. Schließlich die neue Steuer des Reiches auf den kapitalisierten Ertrag der Bodenunternehmungen. — Man muß diese Dinge einmal in diesem Zusammenhange mit beredten Worten dargestellt sehen, um einen Begriff zu bekommen von den Lasten, welche heute einseitig Gewerbe und Handel auferlegt sind. Beispiele aus der Praxis veranschaulichen die Lage. An Erwerbssteuern zahlten 1909 in Arnsberg bei 3000 M. Einkommen (ohne die Klassenversicherungslasten) der Staatsbeamte 2,83 pCt. seines Einkommens, der Kapitalverleiher 4,43 pCt., der Handwerker, der nicht zugleich Hausunternehmer ist, 6,23 pCt., der Handwerker, der zugleich Hausunternehmer ist, 9,37 pCt. 100 000 M. wurden 1909 in Essen/Ruhr versteuert als das Einkommen von 50 Lohnarbeitern zu je 2000 M. mit 5,35 pCt., als das Einkommen von 20 Staatsbeamten zu je 5000 M. mit 5,72 pCt., als das Einkommen von 20 gewerblichen Angestellten zu je 5000 M. mit 9,24 pCt., als das Einkommen eines Kapitalverleihers (zu 100 000 M.) mit 15,9 pCt. und als das Einkommen eines industriellen Unternehmers mit gleichem Einkommen mit 30,2 pCt.

An die Steuerbelastung schließt sich die „Klassenversicherung des Deutschen Reiches" als erster Punkt der „Klassengesetzgebung". Die deutsche Sozialgesetzgebung oder dasjenige, was gemeinhin unter diesem Namen geht, bezeichnet das Werk als „Klassengesetzgebung", die Sozialversicherung als „Klassenversicherung". Nicht mit Unrecht. Die sozialen oder gesellschaftlichen Bande, welche jedes Volk zusammenhalten, laufen senkrecht von oben bis unten durch das ganze Volk. Sie gehen aus von den wirtschaftlich schöpferischen Kräften in jedem Volke, von dem Unternehmertum. Es bestimmt durch seine

Unternehmungen, deren Gründung, Leitung, Veränderung und Erweiterung, an welchen Stellen sich Menschen sammeln und welche dynameokratischen Gebilde der Erwerbstätigkeit sich aufbauen sollen. Es zieht Angestellte, Meister, Vorarbeiter, gelernte Handarbeiter und Handlanger in gleicher Weise an, und im Anschluß an sie wieder Handwerker, Kaufleute und Beamte. Während die natürliche Verbrauchsgemeinschaft oder Verpflegungsgemeinschaft die Familie, der Haushalt ist, so ist die Erwerbsgemeinschaft für Unternehmer, Angestellte und Lohnarbeiter der Betrieb. Da das Erwerbsleben drei Vierteile des durchschnittlichen Menschenlebens füllt, so gelangt die Erwerbsgemeinschaft zu einer überragenden Bedeutung für die gesellschaftliche Struktur des Volkes, für seine soziale Gestaltung. Eine echte Sozialgesetzgebung müßte diese natürlichen sozialen Bande zu festigen und zu stärken suchen und alles tun, um innerhalb der Erwerbsgemeinschaft das Gefühl der Zusammengehörigkeit und Solidarität der Interessen zu stärken. Eine Gesetzgebung, welche das täte, wäre eine Sozialgesetzgebung im besten Sinne; sie stärkte den Zusammenhang der Maschen des sozialen Gewebes, sie machte das Volk sich seiner natürlichen dynamischen Gliederung froh bewußt, sie schmiedete die natürlichen Berufsstände von oben bis unten zusammen. Unsere „Klassengesetzgebung" tut aber genau das Gegenteil.

Ohne Erkenntnis davon, daß die dynamischen Fäden, welche das Volk zusammenhalten, von oben nach unten verlaufen und der Stärkung bedürfen, sucht sie das natürliche soziale Gewebe geradezu zu zerreißen, indem sie Klassenrisse auftut, welche quer das Volk durchziehen und die Unterklasse unter ein anderes Recht, unter andere Erwerbsverhältnisse, unter andere Verantwortlichkeiten, unter andere Fürsorge stellen als die Oberklasse. Sie bezieht sich nur auf eine Klasse, auf die gewerbliche Lohnarbeiterklasse oder auf die Lohnarbeiterklasse überhaupt und hat andere Schichten wie die Handelsgehilfen mit minderem Einkommen daher nur um den Preis miterfassen können, sie auf die Stufe der Lohnarbeiterklasse hinabzustoßen. Ideologischer Unverstand schreibt dieser Klassengesetzgebung und Klassenpolitik eine versöhnende Wirkung zu. In Wirklichkeit hat sie nur immer neue Ansprüche großgezogen und die unteren Volksschichten gelehrt, daß sich das gleiche Reichstagswahlrecht mittels der Gesetzgebungsmaschine als Einkommenquelle benutzen läßt, indem das Gesetz einfach einer Volksschicht etwas wegnimmt und der anderen etwas gibt. Man wird nicht bestreiten können, daß dieser Betrachtungsweise ein tiefes Recht zugrunde liegt. Die Entwicklung der Verhältnisse im Deutschen Reiche spricht jedenfalls für ihre Richtigkeit.

Die „Klassenversicherung" des Reiches erfährt hinsichtlich ihrer wirtschaftlichen, gesellschaftlichen und politischen Wirkung, hinsichtlich ihrer Einwirkung auf die Volksgesundheit, die Kapitalbildung und die Verschiebung des Verantwortlichkeitsbewußtseins eine eingehende Würdigung. Von ihr werden die drei Zweige der Krankenversicherung, der Unfallversicherung und der Invalidenversicherung eingehend behandelt, und an sie schließen sich zwei sehr lesenswerte Kapitel über die Ruhe- und Hinterbliebenenversicherung der Angestellten und über die „Feierndenrente", mit welchem sehr bezeichnenden Namen der Verfasser die sogenannte Arbeitslosenunterstützung belegt. Das Emporwachsen der „Klassenversicherungslasten" und seine weitere bedrohliche Ausbildung zu über einer Milliarde Jahresausgabe infolge der drohenden Reichsversicherungsordnung ist kaum einmal in ähnlich anschaulicher Weise dargestellt worden. Der Standpunkt des Verfassers ist der Standpunkt, den die Industrie vielfach im Verlaufe der Entwicklung der „Klassenversicherung" eingenommen hat: Versicherung gegen Krankheit, Unfall, Alter, Invalidität, soweit es sich um hauswirtschaftlich Unmündige handelt, welche außerstande sind, mit ihrem Erworbenen insoweit hauswirtschaftlich umzugehen, daß etwas für Krankheit und Alter übrig bleibt. Versicherung soweit, wie sie zur Erhaltung und Stählung der Volkskraft des lebenden wie des kommenden Geschlechtes notwendig ist, aber eine Grenze da, wo die hauswirtschaftliche Mündigkeit beginnt, wo das Selbstverantwortlichkeitsgefühl bedroht würde, wo die Fürsorge für das Behagen der handarbeitenden Schichten anfängt und die Wettbewerbsfähigkeit der deutschen Ertragswirtschaft bedroht wird. Die kraftwirtschaftliche Seite der deutschen Klassenversicherung und die Grenzen ihrer Zulässigkeit sind aber mit dieser Schärfe kaum schon betont worden, und selbst dem erfahrenen Versicherungsmanne wird diese Darstellung des bemerkenswerten viel bieten. Von denselben Gesichtspunkten aus wird die Notwendigkeit eines Beschränktbleibens der Ruhe- und Hinterbliebenenversicherung der Angestellten auf die hauswirtschaftlich unmündigen und unfähigen Kreise und der wirtschaftliche Widersinn einer „Feierndenrente" erwiesen.

Den übrigen Teil der deutschen Klassengesetzgebung behandelt das Werk unter drei Ueberschriften: „Die gesetzliche Beschränkung der Leistungen der gewerblichen Ertragswirtschaft", „die Freiheit der Klassenkampferpressung" und „die wirtschaftliche Unmündigkeitserklärung der gewerblichen Lohnarbeiterschaft". Alle drei Abschnitte bieten ein hohes allgemeines Interesse. Die Klagen, daß die Lohnarbeiterschutzgesetzgebung die Leistungen der Betriebe mindere, sind alt. Eine kathedersozialistische Gruppe, vor allem Brentano, hat das einst bestritten. Aber an der Tatsache kann kein Zweifel sein. Hier ist jedoch die ganze Lohnarbeiterschutzgesetzgebung und die ganze Gewerbeordnung unter den Gesichtspunkt gestellt, inwieweit sie die natürlichen Betriebsleistungen beschränken. Die Ausführungen von Prof. Stier-Somlo über die allmähliche Aufhebung der Gewerbefreiheit im Deutschen Reiche leiten die Betrachtung stimmungsvoll ein, und die Beschlüsse der Reichstagskommission zur Gewerbeordnung vom Sommer 1909 und die neuesten Leistungen auf diesem Gebiete schließen sie ebenso stimmungsvoll ab.

Das Kapitel „die Freiheit der Klassenkampferpressung" ist vielleicht das rückhaltloseste im ganzen Buche. Im Anschluß an die Darlegungen des Vortragenden Rates im Reichsjustizamt, Dr. von Tischendorf, bezeichnet es die Freiheit der Klassenkampferpressung als ein „strafrechtliches Privilegium" der gewerblichen Lohnarbeiterschaft. Seine gesetzliche Einführung beruht auf der marxistischen Annahme, daß, während alle anderen Preise in richtiger Weise durch Angebot und Nachfrage bestimmt würden, der Preis für gewerbliche Handkraft davon eine Ausnahme mache, da der gewerbliche Unternehmer ein solches Scheusal sei, daß er es fertig bringe, durch seine Schlechtigkeit die Gesetze der Preisbildung auszuschalten und dem Handarbeiter seinen richtigen Lohn vorzuenthalten. Im Hinblick auf seine moralische Minderwertigkeit sei dem gewerblichen Lohnarbeiter daher eine besondere Erpressungsfreiheit eingeräumt worden. Das Gesetz habe sich freilich geschämt, sie zum Erpressungs**rechte** zu machen, und aus ihren Verabredungen finde noch heute weder Klage noch Einrede statt, aber sie bedeute deswegen nicht weniger eine sittliche und rechtliche Zeitschande. Es ist bezeichnend für unsere Tage, daß ein großer Teil des deutschen Unternehmertums das Bewußtsein verloren hat, daß der Staat durch Gewährung der Freiheit der Klassenkampferpressung nicht nur sich selbst als Rechtsstaat einen Faustschlag ins Gesicht versetzt hat, sondern auch den Unternehmer und die ihm unterstehenden Vermögenswerte für vogelfrei erklärt hat, während er alle anderen Volkskreise ängstlich davor behütet, daß sie einer Erpressung, auch der kleinsten, ausgesetzt werden. So selbstverständlich diese einzig mögliche sittliche und rechtliche Auffassung des Klassenkampfes ist, so berührt es den Leser doch gewissermaßen erstaunlich, sie in ruhiger Darlegung in dieser Klarheit ausgesprochen zu sehen.

Der Abschnitt: „Die wirtschaftliche Unmündigkeitserklärung der gewerblichen Lohnarbeiterschaft" stellt mit einem gewissen Anflug von Spott all die Ausnahmebestimmungen zusammen, durch welche der

Lohnarbeiter in irgendwelcher Weise vor wirtschaftlicher Benachteiligung geschützt oder durch besondere Zuwendungen vor den Folgen leichtsinnigen Hauswirtschaftens behütet werden soll. Selbst der Eingeweihte wird über Zahl und Umfang dieser Vorsichtsmaßregeln, welche wie eine Wattepackung für den hilflosen Lohnarbeiter wirken, erstaunt sein. In mehr als zwanzig Fällen ist der Unternehmer gesetzlich zum Vormund des Lohnarbeiters bestellt und muß für dessen Verantwortlichkeiten eintreten. Der gesamte Lohn ist der Beschlagnahme entzogen, meist selbst das ganze Einkommen der Pfändung. Für Vertragsbruch ist nur der Unternehmer praktisch haftbar, nicht der Lohnarbeiter. Aus diesen Zuständen hat sich eine planmäßige gesetzliche Drangsalierung der Unternehmer ergeben, für die praktische Beispiele beigebracht werden.

Unmittelbar an die Darstellung, in welch ausgedehnter Weise der deutsche gewerbliche Lohnarbeiter, dieses hilflose, schüchterne und gedrückte Wesen, erwerbswirtschaftlich und hauswirtschaftlich sich einer gesetzlichen Bevormundung erfreut, schließt sich das letzte Kapitel dieses Bandes: „Die paritätsmoralistische Gesetzgebung gegen die Dynameokratie der Ertragswirtschaft." Sie wird offen bezeichnet als die Umsetzung des neumarxistischen Paritätsmoralismus — der Kapital und Handkraft für die beiden einzigen, und zwar für zwei gleichberechtigte Faktoren der Unternehmung hält — in die Gesetzgebung, also als die gesetzliche Verwirklichung einer geistigen Verirrung. Der Verfasser sagt: „Es ist eine schamlose Inkonsequenz der Reichsgesetzgebung und ein bedingungsloser Widerspruch zu diesen Maßnahmen, wenn gleichzeitig die Reichsgesetzgebung dem Lohnarbeiter, den sie in den einfachsten hauswirtschaftlichen Fragen für unmündig und bevormundungsbedürftig erklärt und für den sie in hundert Einzelheiten den Unternehmer als hauswirtschaftlichen Vormund und Verantwortlichkeitsträger für eine Reihe öffentlicher Zahlungen des Lohnarbeiters einsetzt, auf Grund des neumarxistischen dualistischen Paritätsmoralismus die gleiche Stellung wie dem Unternehmer mit Einschluß der drei totgeschwiegenen Wirtschaftsfaktoren im Betrieb zuerkennen will; wenn sie ihm eine moralistische „Gleichberechtigung" zuspricht, welche in der von dynamischen Gewalten beherrschten und darum dynameokratischen Ertragswirtschaft niemandem zukommen kann; wenn sie ihm auf dieser ideologischen Grundlage fortgesetzt neue betriebswirtschaftliche Befugnisse hinsichtlich des Betriebes zuerkennt, in dem er Lohnarbeit verrichtet, und natürliche Unternehmerbefugnisse künstlich auf dem Wege der Gesetzgebung auf ihn überträgt; wenn Reichsversicherung und Lohngesetzgebung durch ihr Dasein ausdrücklich die hauswirtschaftliche Unmündigkeit der Lohnarbeiterklasse anerkennen und durch ihr Dasein die Siegel auf sie drücken, dann ist es eine Herausforderung des Unternehmertums, wenn andere Teile der Reichsgesetzgebung der Lohnarbeiterklasse eine bevorzugte betriebswirtschaftliche Einsicht zuschreiben und sie zu einer Mitwirkung an den ertragswirtschaftlichen Aufgaben der Unternehmungen berufen, wie es durch Krankenkassenvorstände, Versicherungsämter, Lohnarbeiterausschüsse, Lohnarbeitskammern und andere paritätsmoralistische Einrichtungen geschieht und geschehen soll. Entweder: die Lohnarbeiterklasse ist hauswirtschaftlich mündig und fühlt in sich das Zeug, betriebswirtschaftlichen Einfluß zu erlangen: dann mag sie es auf demselben Wege tun, auf dem der einzelne in dem dynameokratischen Wirtschaftsleben seine Fähigkeiten zum Ausdruck bringt: durch entsprechende Leistungen. Geschieht das, dann wird ihr ganz von selbst im Unternehmen eine viel hervorragendere Rolle zufallen als heute. Dann wird sich aber auch die ganze Reichsversicherung und Lohngesetzgebung erübrigen. Denn bei solchen betriebswirtschaftlichen Fähigkeiten wird eine hauswirtschaftliche Entmündigung, wie sie heute besteht, völlig unnötig werden. Oder: die Lohnarbeiterklasse ist hauswirtschaftlich unmündig: dann wollen wir im Interesse der Zukunft des Volkes durch eine ausgiebige Reichsversicherung und Lohngesetzgebung für sie sorgen. Dann ist aber auch die paritätsmoralistische Stellung der Handkraftträger gegenüber den anderen Faktoren der Unternehmung, die Marx durch den Begriff des Kapitals verdunkelt, ein elender Wahn und die Ausgeburt des Hasses der Unfähigen gegen die Fähigen. Dann kann aber auch keine Rede davon sein, den Lohnarbeitern betriebswirtschaftliche Fähigkeiten zuzusprechen. Dann muß sich das Unternehmertum es auf das entschiedenste verbitten, daß die Reichsgesetzgebung dem Lohnarbeiter eine Mitbestimmung in Fragen der Verwaltung der Reichsversicherungszweige oder gar der ertragswirtschaftlichen Betriebe zuweist. Dann sind Lohnarbeiterausschüsse, Lohnarbeitskammern und ähnliches ein paritätsmoralistischer Unfug, nur bestimmt, die Lohnarbeiterschaft über ihre wirtschaftliche Unfähigkeit hinwegzutäuschen. Aber die Lohnarbeiterschaft durch Reichsversicherung und Lohngesetzgebung für hauswirtwirtschaftlich unmündig erklären und ihr anderseits durch Reichsversicherungsgesetzgebung und Reichsgewerbeordnung betriebswirtschaftliche Befugnisse zuschreiben, das ist eine Kühnheit, die an eine Verspottung des Unternehmertums durch die Gesetzgebung grenzt."

Mit den einzelnen eigentlichen paritätsmoralistischen Einrichtungen setzt sich Tille in fünf Einzeldarstellungen auseinander, die geeignet sind, auch in dem ideologischsten Kopfe die Erkenntnis zu erwecken, daß der ganze Versuch, den neumarxistischen Paritätsmoralismus zu verwirklichen, eine grobe gesetzliche Verirrung ist. Die fünf Abschnitte nennen sich bezeichnenderweise:

1. Paritätsmoralistische Sondergerichte;
2. Paritätsmoralistische Lohnarbeitskammern;
3. Paritätsmoralistische Handkraftausschüsse;
4. Paritätsmoralistische Unternehmeraufpasser (gemeint sind die Sicherheitsmänner im Bergbau);
5. der Paritätsmoralismus der öffentlichen Betriebe und die paritätsmoralistische Lohnfestsetzung. (Welche Fortschritte dieser Widersinn neuerdings in öffentlichen Betrieben gemacht hat, ist erstaunlich.)

An diese Einrichtungen, welche den Paritätsmoralismus innerhalb des Betriebes oder jedenfalls innerhalb der Wirtschaftstatsachen und des Wirtschaftsfriedens zum Ausdruck bringen, reihen sich nun noch zwei andere Einrichtungen, welche halb auf dem Boden des altmarxistischen Wirtschaftsharpagismus und halb auf dem Boden des neumarxistischen Paritätsmoralismus stehen. Sie stellen sich auf den Standpunkt, daß Unternehmer und Lohnarbeiter im Betriebe überhaupt nicht die richtige Stellung zueinander haben, sondern sie erst bekommen, wenn sie sich, jede Gruppe für sich, zum Klassenkampfe organisieren und dann in Gestalt von Klassenkampforganisationen einander gegenübertreten. Dieser Wahnsinn bedeutet die grundsätzliche Aufhebung der dynameokratischen Wirtschaftsverhältnisse und ihre Ersetzung durch eine paritätsmoralistische Konstruktion auf der Grundlage des Klassenkampfes. Beide Formen des widerwirtschaftlichen Unsinnes kommen zum Ausdruck in dem „Paritätsmoralistischen Klassenkampftarifwesen", dessen gesetzliche Regelung bereits wiederholt angeregt worden ist, und in den „Paritätsmoralistischen Handkraftnachweisen", welche im Winter 1909/10 das preußische Abgeordnetenhaus und den Reichstag wiederholt beschäftigt haben. Die Lehre vom paritätsmoralistischen Klassenkampftarif erklärt ganz einfach den Einzelunternehmer und den Einzellohnarbeiter nicht mehr für vertragsfähig und hebt damit die individuelle Vertragsfreiheit der liberalen Gesellschaftsordnung auf; die Lehre vom paritätsmoralistischen Handkraftnachweis tut das gleiche mit dem „Rechte der Beschaffung von Handkräften und dem Rechte der Umschau nach Lohnarbeitsgelegenheit". Sie bestreitet nicht nur dem einzelnen, sondern auch jeder Partei allein das Recht, sich Handkräfte zu beschaffen, bzw. Lohnarbeitsgelegenheit auszuspüren, und spricht dieses Recht allein einer paritätsmoralistischen Veranstaltung beider Klassenkampforganisationen, dem paritätsmoralistischen Handkraftnachweis, zu. Die Darstellung der neusten Entwicklung beider Ideen und der auf sie gegründeten Einrichtungen bietet eine Fülle neuzeitlichen Materials, das in ähnlicher Weise noch nie zusammengestellt ist. Der Verfasser faßt sein Urteil über diese Gesetzgebung, seine Befürchtungen für die Zukunft und seine Meinung über den Ausgang dieser Dinge in folgende Ausführungen zusammen:

„Indem die deutsche Gesetzgebung der Gegenwart auf der einen Seite das wirtschaftliche Wohl des gewerblichen Lohnarbeiters mit einer dicken Wattepackung umgibt, damit er seinen Fuß nur ja an keinen Stein stoße, und den Aermsten, weil er nicht allein gehen kann, mit schützender Krücke durchs Leben geleitet, und indem sie ihm auf der anderen Seite durch Gesetz beharrlich Unternehmerbefugnisse zuspricht, welche völlig jenseits seiner wirtschaftlichen Fähigkeiten liegen und welche er sich durch seine Wirtschaftsleistungen selbst zu erringen bisher nicht imstande gewesen ist, durchbricht sie den obersten Grundsatz alles wirtschaftlichen Daseins, daß Leistung und Gegenleistung im Einklang stehen, daß Rechte und Pflichten sich die Wage halten müssen. Damit ist diese Gesetzgebung gegen das Unternehmertum und zugunsten der Lohnarbeiter bereits zu einem schweren sittlichen Volksschaden geworden. Sie hat das Verantwortungsgefühl in den unteren Volksschichten untergraben und ihnen den Maßstab zertrümmert, an dem sie einst ihre Ansprüche maßen. Das Bewußtsein, daß sie nur durch höhere Leistungen aufsteigen können, ist ihnen verloren gegangen. Sollte nicht auch der Staat ein Interesse an einer gegenteiligen Entwickelung haben?

„Das deutsche Unternehmertum ist zu einem recht erheblichen Teile entschlossen, der Schaffung von neuen paritätsmoralistischen Klassenrechten der Lohnarbeiterschaft nicht nachzugeben, sondern dieselben auf ihrem eigensten Nährboden zu bekämpfen. Sollte durch eine weitere Vergrößerung der Klassenversicherungslasten die Mitbewerbsfähigkeit der deutschen Ertragswirtschaft geschädigt und durch eine Feierndenrente ein Preis auf das Nichtstun eingeführt werden, sollte die gesetzliche Beschränkung der Leistungen der gewerblichen Ertragswirtschaft fortgesetzt und die Freiheit der Klassenkampferpressung zum Klassenkampfrechte ausgedehnt werden; sollte die gewerbliche Lohnarbeiterschaft auf der einen Seite weiter erwerbswirtschaftlich und hauswirtschaftlich entmündigt und auf der anderen Seite mit paritätsmoralistischen Rechten ausgestattet werden, welche den Gründen für diese Entmündigung ins Gesicht schlagen; sollten die paritätsmoralistischen Lohnarbeitskammern, Handkraftausschüsse und Unternehmeraufpasser, der Paritätsmoralismus der öffentlichen Betriebe und des Klassenkampftarifwesens noch gesetzlichen Niederschlag finden; sollte dem Unternehmertum das Recht der Handkraftbeschaffung entrissen werden und durch ein Klassenvertragsgesetz ein Angriff auf den individuellen Arbeitsvertrag und die gewerbliche Vertragsfreiheit erfolgen, dann dürfte dem deutschen Unternehmertum nichts weiter übrig bleiben, als auf diese gesetzliche Durchführung eines einseitigen Klassenrechtes, auf diese gesetzliche Aufhebung der Dynameokratie der Ertragswirtschaft durch den Paritätsmoralismus und die gesetzliche Heiligung des Klassenkampfes mit der Einstellung seiner Wirtschaftstätigkeit zu antworten.

Ist aus dem gleichen Rechte für alle erst ein einseitiges Recht zugunsten der Handkräfte geworden, hat man die lebendigen Kräfte der Ertragswirtschaft erst durch schablonenhaften Moralismus kaltgestellt und hat der Klassenkampf einmal erst gesetzliche Weihe erhalten, dann braucht sich niemand als Staatsbürger mehr zu scheuen, ihn im weitesten Umfange anzuwenden, so tief er ihn auch sittlich verabscheuen mag. Dann tritt die Notwehr gegen die heilig gesprochene Unnatur und Gewalt ein, und diese Notwehr ist dann heilige Notwehr."

IV. Die politische Notwehr des Gewerbe- und Handelsstandes.

Die letzten Jahre haben eine Reihe von Broschüren gebracht, welche sich mit der politischen Wahrnehmung der Interessen der deutschen Industrie, der deutschen Arbeitgeber, der deutschen gewerblichen Unternehmer und des deutschen Gewerbe- und Handelsstandes beschäftigt haben. So wird man die verschiedenen Strömungen, welche sich geltend gemacht haben, wohl am besten kennzeichnen dürfen. Mit diesen Broschüren ist das vorliegende Buch, der 433 Druckseiten umfassende Schlußband eines Systems der Berufsstandspolitik, nicht auf eine Stufe zu stellen. Die Zeit der allgemeinen Agitation für eine politische Betätigung von Gewerbe und Handel ist vorbei. Jetzt gilt es den Anbau des geistigen Feldes, auf dem sie sich zu tummeln haben, und jetzt gilt es, Klarheit zu schaffen über die bestehenden Verhältnisse auf dem Berufsstandsfelde, auf dem politischen Parteifelde und auf dem Klassenfelde. Dieser Aufgabe unterzieht sich der vorliegende Band in eigenartiger, gründlicher und interessanter Weise, indem er zugleich wertvolle Beiträge zur Geschichte der neusten berufsständischen und klassenpolitischen Organisation bietet.

In gewissem Sinne greift dieser Band zurück auf den Abschnitt des ersten Bandes „Die drei Erwerbszweige der Neuzeit“, indem er aus den drei Erwerbszweigen — Landwirtschaft, Gewerbe und Beamtenarbeit nebst freier Berufstätigkeit — die drei Berufsstände der liberalen Gesellschaft ableitet und ihre Schichten im einzelnen bespricht. Bei dem landwirtschaftlichen Berufsstand gibt es nur zwei Schichten, das landwirtschaftliche Unternehmertum und die landwirtschaftliche Lohnarbeiterschaft, und selbst diese gehen in außerordentlich weitem Maße untrennbar ineinander über, wofür ein interessanter statistischer Beleg gegeben wird. Dann wird der gewerbliche Berufsstand mit seinen drei Schichten, dem gewerblichen Unternehmertum, der gewerblichen Angestelltenschaft und der gewerblichen Lohnarbeiterschaft, behandelt, und schließlich der Berufsstand der Beamten und freien Berufsangehörigen mit seinen drei Schichten, Oberbeamte, Unterbeamte und Dienstpersonen. Daran schließt sich noch eine Betrachtung der im Deutschen Reiche 1907 als beruflos Gezählten, welche bemerkenswerte Einblicke in die Zusammensetzung der deutschen Bevölkerung tun läßt. Am Schluß findet dieser Abschnitt seine Krönung in dem Kapitel „Berufsstandsgemeinschaft“. Dasselbe sieht in der Berufsstandsgemeinschaft das engste soziale Band nach der Familienzusammengehörigkeit und entwirft ein lehrreiches Bild von der Verschiedenheit der wirtschaftlichen Interessen der drei Berufsstände und von den engen sozialen Banden, welche jeden Berufsstand umschlingen. Dazu kommen besondere Betrachtungen über die Solidarität aller Geistesarbeiter der Ertragswirtschaft. Die weiteste Verbreitung dieses Kapitels und seiner Anschauungen in Lohnarbeiterkreisen würde ein großer Segen sein. Es gipfelt in dem Nachweise, daß es auf dem Boden des Wirtschaftsfriedens zwischen Unternehmer und Handkraft keinen anderen Gegensatz gibt als denjenigen, der in der ganzen Welt zwischen zwei Vertragschließenden, zwischen Käufer und Verkäufer, besteht, und daß das Wohl der Handkräfte ausschließlich vom Wohle der Unternehmer abhängt.

Nachdem die Zusammensetzung der Bevölkerung nach Berufsständen untersucht ist, folgt ein Abschnitt: „Die Gliederung der deutschen Reichstagswählerschaft nach Berufsständen und Berufsstandsschichten“.

Das Ergebnis der eindringenden rechnerischen Untersuchungen ist folgendes: Von den 13 353 000 Reichstagswahlberechtigten des Jahres 1907 waren:

1. Landwirtschaftliche Unternehmer und Angestellte 2 420 000 + 152 000 landwirtschaftliche Vermögensrentner	= 2 572 000
2. Landwirtschaftliche Lohnarbeiter 1 800 000 + 200 000 landwirtschaftliche Lohnarbeitsrentner .	= 2 000 000
3. Gewerbliche Unternehmer 2 627 000 + 228 000 gewerbliche Vermögensrentner	= 2 855 000
4. Gewerbliche Angestellte	400 000
5. Gewerbliche Lohnarbeiter 4 400 000 + 400 000 gewerbliche Lohnarbeitsrentner + 36 000 männliche häusliche Dienstpersonen und öffentliche Dienstpersonen	= 4 836 000
6. Beamte und freie Berufsangehörige 620 000 + 70 000 Ruhegehaltsbeamte	= 690 000
Summe der berufsständisch nachgewiesenen Reichstagswähler	13 353 000

Aus dieser Aufstellung ergibt sich, daß die reichstagswahlberechtigten gewerblichen Lohnarbeiter 1907 immer erst wenig über ein Drittel der deutschen Reichstagswähler ausmachten, und daß es noch 1907 mehr reichstagswahlberechtigte Unternehmer im Deutschen Reiche gab als reichstagswahlberechtigte gewerbliche Lohnarbeiter. Dann wird die weitere Entwicklung dieser Verhältnisse der Betrachtung unterzogen, und der Schlußsatz lautet: „Trotzdem kann es keinem Zweifel unterliegen, daß einst der Tag kommen muß, an welchem nicht nur die bedingungslose Mehrheit aller Reichstagswähler Handarbeiter ist, sondern auch die bedingungslose Mehrheit der Reichstagswähler der Mehrheit aller Reichstagswahlkreise Handarbeiter ist."

Nach Feststellung dieser Berufsstandszahlen und Wählerzahlen geht das Buch über zu einer Darstellung der „Parteipolitischen und der klassenpolitischen Gruppen der Gegenwart". Es behandelt zunächst die „Parteipolitische und die klassenpolitische Stimmengruppierung" und geht dabei von folgenden Gesichtspunkten aus: Bei Einführung allgemeineren Wahlrechtes wurde zunächst die gemeinsame abstrakte politische Ueberzeugung maßgebend für die Stimmengruppierung. In abstrakten politischen Ueberzeugungen, welche sich zumeist auf die Stellung der Volksvertretung zur Krone und auf die Freiheiten des Staatsbürgers bezogen, fanden sich die Volksgenossen politisch zu „Parteien" zusammen. Diese Gruppierungsform wurde zuerst gebrochen durch die gewerbliche Lohnarbeiterschaft, welche das gemeinsame Klasseninteresse zur treibenden Kraft des politischen Zusammenschlusses erhob. So entstand neben den parteipolitischen Gruppen eine klassenpolitische Gruppe im Deutschen Reiche. Nachdem einmal das Beispiel gegeben war, daß auch andere Motive als die gemeinsame abstrakte politische Ueberzeugung stimmengruppierend wirken könnten, kamen dazu das bekenntnispolitische Zentrum, die dynastisch-politischen Welfen, die nationalpolitischen Gruppen der Polen, Dänen und Elsässer, die rassenpolitische Gruppe der Antisemiten, bis sich zuletzt nur noch 26 pCt. der deutschen Reichstagswähler nach parteipolitischen Gesichtspunkten gruppierten. Wie viele neue gruppenbildende Kräfte auch eintraten: am stärksten verfing zunächst der klassenpolitische Gedanke. „Die klassenpolitische Organisation der gewerblichen Lohnarbeiterschaft" schildert die Entwicklung der Sozialdemokratie als einer klassenpolitischen Gruppe — die erste Darstellung der Sache von diesem Gesichtspunkt aus, durch dessen Hervorhebung das kommunistische und das internationale Element verhältnismäßig stark in den Hintergrund treten. An diese Darstellung schließt sich die Schilderung der beiden klassenpolitischen Bewegungen, welche der klassenpolitischen Organisation der gewerblichen Lohnarbeiterschaft folgten und welche bisher überhaupt noch keine zusammenfassende Darstellung erfahren haben, die Mittelklassenbewegungen oder, wie Tille sagt, „die klassenpolitischen Bewegungen der mittleren Berufs- und Einkommenschichten". Dieselben haben zwei Zweige: „die Ansätze einer klassenpolitischen Bewegung der Berufsschicht der gewerblichen Angestellten" und die „klassenpolitische Bewegung der mittleren städtischen Einkommenschichten", d. h. die sogenannte Mittelstandsbewegung. Sehr richtig führt der Verfasser aus, daß es sich hier um keine *Standes*bewegung, sondern um eine *Klassen*bewegung handelt; denn es gibt keinen Oberstand, keinen Mittelstand und keinen Unterstand, sondern höchstens eine Oberklasse, eine Mittelklasse und eine Unterklasse, wohl aber einen Gewerbestand, einen Landwirtschaftsstand und einen Beamtenstand. Aber diese Klassenbewegungen, welche der Sozialdemokratie nachgeahmt waren und zwischen der gesellschaftlichen Oberschicht und der Mittelschicht eine ebensolche Klassenlinie zu ziehen suchten, wie sie die Sozialdemokratie zwischen der Mittelschicht und der Unterschicht gezogen hatte, erschöpften sich nach einiger Zeit der Agitation oder traten auf ein anderes Gebiet über, auf das berufsständische, so die gewerbliche Mittelstandsbewegung Düsseldorfs. Noch ehe diese neuen klassenpolitischen Versuche irgendwie zur Ruhe kamen, war nämlich dieser neue Faktor, die berufsstandspolitische Stimmengruppierung, auf den Plan getreten. „Die berufsstandspolitische Stimmengruppierung" und ihre wirtschaftlichen und ideellen Voraussetzungen behandelt ein besonderes Kapitel. Sie wurde zuerst zur Tat in der Landwirtschaft durch den „Bund der Landwirte", dessen Arbeit, dessen Erfolge und dessen Uebertreibungen anschaulich und geschichtlich treu das Kapitel schildert: „Die berufsstandspolitische Organisation der Landwirtschaft." An sie schließt sich „Die berufsstandspolitische Bewegung des Beamtenstandes", welche leider viel zu wenig bekannt ist und deren Gefahr hier zum ersten Male gebührend gewürdigt wird. Bei ihr handelt es sich um nichts mehr und nichts weniger als um die politische Alleinherrschaft des Beamtentums, das schon Rechtsprechung, Kirche, Schule, Gesundheitswesen und Verwaltung beherrscht, um einen leidenschaftlichen politischen Kampf gegen alle, welche unter eigener vermögensrechtlicher Verantwortung auf Ertrag wirtschaften und Werte schaffen, um eine Ueberziehung des ganzen Wirtschaftslebens mit Pensionsansprüchen, um eine Ausdehnung der Beamtenverhältnisse auf die Privatangestellten, um einen Kampf um die niedrigsten Warenpreise, für Freihandel, für Aufhebung aller Verantwortlichkeiten und gegen die Ertragswirtschaft. Man muß die auf diesen 32 Seiten zusammengestellten Tatsachen, Programme, Reden und Angriffe auf den Gewerbe- und Handelsstand in sich aufgenommen haben und sich gegenwärtig halten, um sich darüber klar zu sein, daß aus ihnen die Beamtengefahr, die Staatsgefahr, die Gefahr der Aufhebung der privaten Ertragswirtschaft, spricht. Das sind die Kreise, aus denen sich die 218 Doktrinäre — Beamte und Literaten — rekrutieren, welche als Mehrheit den Deutschen Reichstag beherrschen und das deutsche Volk mit jener weltfremden doktrinären Gesetzgebung beglücken, unter der die deutsche Ertragswirtschaft seufzt. Wenige Industrielle sind vertraut mit dem Netze von Beamtenwahlvereinen, welches über das Reich ausgeworfen ist, wenige mit dem „Bunde der Festbesoldeten" und seinen Anhängen. Aber für jeden Industriellen ist es ein Gebot der Zeit, sich über diese Dinge zu unterrichten. Keiner sollte sie unbeachtet lassen. Jeder sollte daraus Folgen für seine Stellungnahme zu einer politischen Beamtenkandidatur ziehen.

Die parteipolitische, die klassenpolitische und die berufsstandspolitische Stimmengruppierung des Landwirtschafts- und Beamtenstandes — das sind die Momente, welche heute die Zusammensetzung des Deutschen Reichstages bestimmen. Wie sieht er aus? Auf diese Frage gibt eine eindeutige bis ins feinste ausgearbeitete Antwort das Kapitel: „Die berufsständische und berufsstandsschichtliche Zusammensetzung des Deutschen Reichstages." Aus den ausführlichen Aufstellungen des Buches ergibt sich folgendes. Der landwirtschaftliche Berufsstand ist ungefähr richtig vertreten. Er stellt 28,66 pCt. der Bevölkerung dar und hat 30 pCt. der Sitze inne. Dagegen ist der Beamtenstand und freie Berufsstand zehnmal so stark vertreten, wie er nach seiner Zahlenstärke sein sollte. Er umfaßt 5,52 pCt. der Bevölkerung und hat 55 pCt. oder über die Hälfte aller Sitze inne. Was er zu viel hat (40 pCt.), das hat der Gewerbe- und Handelsstand zu wenig. Dieser umfaßt 56,16 pCt. der Bevölkerung und hat (einschließlich der gewerblichen Lohnarbeiter) 15 pCt. der Sitze inne. Legt man statt der Bevölkerung der Berechnung die Wählerzahl zugrunde, so ist das Verhältnis kein sehr verschiedenes. Dann sollte die Landwirtschaft 136 Sitze haben, hat aber nur 117, also 19 zu wenig, dann sollte der Beamtenstand und freie Berufsstand 20 Sitze haben, hat aber 218, also 198 zu viel. Dagegen sollte der Gewerbe- und Handelsstand 241 Sitze haben, hat aber nur 60, also 181 zu wenig. Das heißt: der Beamtenstand enthält dem Gewerbe- und Handelsstande heute dreimal soviel Sitze vor, als derselbe hat, oder dreiviertel der Sitze, die er haben sollte. Geht man die einzelnen Parteien durch, so wiederholt sich diese Hypertrophie des Beamtenstandes, welche in diesen allgemeinen Zahlen hervortritt, im einzelnen. Da hatte das Zentrum 68, Nationalliberale und Sozialdemokraten je 28, die Freisinnige Volkspartei 21, die Deutsch-konservative Partei 14, die Wirtschaftliche Vereinigung 12, Polen, Reichspartei und Freisinnige Vereinigung je 11, die Fraktionslosen 4, die Deutsche Volkspartei 4 und die Deutsche Reformpartei 3 Beamte und Literaten zu Mitgliedern. Nur die Deutsch-konservative Partei und die Reichspartei hatten mehr Landwirte und Gewerbetreibende zusammen als Beamte, nur die Fraktionslosen und die Deutsche Reformpartei ebensoviel Landwirte und Gewerbetreibende zusammen wie Beamte. Alle anderen Parteien hatten *mehr Beamte und Literaten als Landwirte und Gewerbetreibende zusammen.*

Eine ähnlich eingehend durchgeführte Aufstellung gibt das Buch über die Zusammensetzung des preußischen Abgeordnetenhauses, und zwar zu dem Zwecke, nachzuweisen, daß es nicht etwa das gleiche Wahlrecht ist, welches diese Zustände geschaffen hat. Das Abgeordnetenhaus wurde nach den letzten Wahlen (bei 443 Abgeordneten) gebildet von 214 Beamten und freien Berufsangehörigen, davon 105 Juristen, von 183 Landwirten mit Einschluß der landwirtschaftlichen Rentner, von 43 gewerblichen Unternehmern und einem gewerblichen Lohnarbeiter. Nach der phorokratischen (steuerwahlrechtlichen) Grundlage, auf welcher die Zusammensetzung des preußischen Abgeordnetenhauses beruht, hätte dasselbe zu zwei Dritteln aus Mitgliedern des Gewerbe- und Handelsstandes und aus einem Drittel Angehörigen des Landwirtschaftsstandes bestehen müssen, während der Beamtenstand wegen seiner allgemeinen Verteilung über das ganze Land als Träger eines selbständigen politischen Anspruches gar nicht ins Gewicht fallen könnte. In den anderen größeren Bundesstaaten liegen die Dinge nicht viel anders. Die bayerische Zweite Kammer enthält unter 163 Mitgliedern nur 29 gewerbliche Unternehmer, d. h. 17,8 pCt., Württemberg besitzt in seiner Zweiten Kammer von 63 Mitgliedern 17 gewerbliche Unternehmer oder 27 pCt. Im Königreich Sachsen hat die Zweite Kammer bei 91 Mitgliedern 30 Gewerbetreibende oder 33 pCt.

Das ist die Lage der politischen Vertretung im Deutschen Reiche in der Zeit, ehe von einem berufsstandspolitischen Erwachen des Gewerbe- und Handelsstandes die Rede sein konnte. Dasselbe vollzog sich zunächst in einzelnen Gruppen, in der politischen Industriellenbewegung im Centralverbande Deutscher Industrieller, in der industriellen Arbeitgeberbewegung in Saarbrücken, in der gewerblichen Arbeitgeberbewegung in Hamburg, Hannover, Nürnberg, Mannheim, in der gewerblichen Mittelklassenbewegung in Düsseldorf und schließlich aus Anlaß der Neubewilligung von Reichssteuern im Sommer 1909 im Hansabunde, und im Herbst 1909 im Wahlfonds der deutschen Industrie, in dem die politische Industriellenbewegung und die politische Arbeitgeberbewegung zusammenflossen. Die Geschichte dieser Bewegung ist in einer selten objektiven Weise von einem Manne dargestellt, der sie in nächster Nähe miterlebt hat. Was er S. 250 bis 305 über den Hansabund und die Wandlungen seiner Ziele und Aufgaben schreibt, ist für jeden Industriellen von hervorragender Wichtigkeit. Ebenso die Darlegungen über den Industriellen Wahlfonds. Das Verlassen der berufsständischen Grundlage des Hansabundes durch Aufnahme des Beamtenstandes in den Mitgliederkreis, die Preisgabe des gesellschaftspolitischen Interesses des Gewerbe- und Handelsstandes durch Festlegung auf eine sentimentale Klassenpolitik und die feindselige Bekämpfung des Berufsstandes der deutschen Landwirtschaft und andere Punkte sind mit aller Klarheit und allem Verständnis für diese Schwächen erörtert. Der Abschnitt schließt mit folgenden Ausführungen:

„Das Jahr 1909, das für die berufsständisch-politische Bewegung des Gewerbe- und Handelsstandes das Schicksalsjahr gewesen ist, hat nicht nur die Gründung des Hansabundes und die Gründung des Wahlfonds der deutschen Industrie gebracht, sondern es hat in ersterem auch gewerbliche Mittelklassenkreise und Börsenkreise, Schutzzöllner und Freihändler, Dynameokraten und Isokraten zusammengeführt und in letzterem die politische Industriellenbewegung und die politische Arbeitgeberbewegung geeinigt. Haben sich Hansabund und Industrieller Wahlfonds auch noch nicht zusammen finden können, so sind doch die vielen zerstreuten politischen Bewegungen des Gewerbe- und Handelsstandes wenigstens unter zwei Köpfe gebracht worden, und diese arbeiten auf weiten Gebieten einträchtig miteinander, nur daß der eine seine Stirn nur gegen eine Front richtet, während der andere sich zum Kampfe gegen alle drei Fronten rüstet, welche zur Zeit die Lebensinteressen der gewerblichen Ertragswirtschaft bedrohen. Beide zusammen bilden heute die berufsständisch-politische Vertretung des Gewerbe- und Handelsstandes. Ihre Vereinigung kann nur eine Frage der Zeit sein. Sobald der Hansabund seine isokratischen und moralistischen Schlacken abgestreift und die Gesamtheit der Lebensbedingungen der gewerblichen Ertragswirtschaft unverblümt gegen alle ihre Feinde wahrzunehmen sich entschlossen hat, dürfte der Verschmelzung nichts mehr im Wege stehen. Die Not der Zeit wird zweifellos auch diejenigen Kreise des Gewerbe- und Handelsstandes, welche heute Scheu tragen, offen gegen die politischen, gesellschaftlichen und moralistischen Idole aufzutreten, welche das politische Leben Deutschlands heute zum Schaden der gewerblichen Ertragswirtschaft beherrschen, dazu bringen, die ganze Berufsstandspolitik des Gewerbe- und Handelsstandes zu vertreten, welche aus den Lebensvoraussetzungen der gewerblichen Ertragswirtschaft quillt."

Der Schwerpunkt des Buches liegt zweifellos in dem letzten Kapitel: „Berufsstandspolitik". Was der Verfasser über die wahrscheinliche berufsstandspolitische Stimmengruppierung des deutschen Volkes sagt, ist interessant, besteht aber doch vorzugsweise aus Zukunftsbetrachtungen. Mitten in die Aufgaben des Tages hinein aber führt der zweite Abschnitt dieses Kapitels: „Die berufsstandspolitische Arbeit des Gewerbe- und Handelsstandes", und davon wieder ist die Hauptsache die berufsstandspolitische Arbeit des Gewerbe- und Handelsstandes an sich selbst, und zwar an den Unternehmern, an den Angestellten und an den Lohnarbeitern. Diese Ausführungen legen den Finger in zahlreiche schmerzende Wunden der Zeit, aber dieser Berührung aus dem Wege zu gehen, bedeutet nicht, die Heilung zu fördern. Der Mangel an Standesbewußtsein, die Unbekümmertheit um öffentliche Angelegenheiten, das Sichbeugen vor der gelehrten Wisserei und Paragraphenkenntnis, die Absonderung von den anderen Schichten des eigenen Standes, die Teilnahmlosigkeit gegenüber den wichtigsten geistigen Bewegungen, der Mangel an Lust zu öffentlichem Auftreten, der Mangel an rednerischer Ausbildung, die Absonderung der Industrie vom Handwerk, die Verdichtung des Unternehmungskapitales, der Mangel an Würde gegenüber der politischen Presse und die aus all diesen Dingen folgende öffentliche Geringschätzung der Interessenvertretungen von Industrie und Handel, das alles wird in vornehmer und sachlicher Weise beleuchtet. Es werden nur wenige sein, die nicht durch irgendeinen Punkt dieser Darlegungen sich getroffen fühlen. Aber gerade darin liegt das Verdienst dieser Ausführungen, daß sie dem Einzelnen Anregung geben, an welchen Stellen er anfangen kann, sich zu betätigen. Die geringe wirtschaftliche Bildung des Handwerkerstandes und seine Neigung zu staatlichen Zwangseinrichtungen, die Angst des Ladeninhabers vor dem Kundenverlust, die Feindseligkeit von Handwerk und Kleinhandel gegen die Gewerbezweige des Mietsgewerbes, des Bankwesens und der Spekulation, von denen sie nichts verstehen, das Abschwenken ganzer Gruppen geistig vernachlässigter Angestellter zu Klassenpolitik, Staatszwang und Aufhebung der privatwirtschaftlichen Verantwortlichkeit, das alles wird in hellen Strichen ins rechte Licht gesetzt.

Hinsichtlich der Lohnarbeiterschaft macht der Verfasser mit Recht den deutschen Unternehmern ihre lässige und flaue Haltung gegenüber der Klassenkampferpressung und den klassenkämpferischen Lohnarbeitern zum Vorwurf. Während sie sich durch Bismarck in einen Kampf gegen die klassenpolitischen Lehren der Sozialdemokratie treiben ließen, welche in der Wahlrechtsgleichheit ihre vollgültige gesetzliche Wurzel hatten, versäumten sie es, die Erpressungsversuche der aufgewiegelten Handkräfte durch Hunger niederzuschlagen, ließen sich herbei, mit Erpressergesellschaften zu verhandeln und dieselben wie ihresgleichen zu betrachten, krochen selbst in das Joch von Klassenkampftarifen und erkannten damit durch die Tat die Richtigkeit des individuellen Arbeitsvertrages und die Ersetzung des Wirtschaftsfriedens durch den Klassenkampf an, in dem nicht mehr die Leistung den Lohn bestimmt, sondern die bessere Rüstung zur Klassenkampferpressung. Wenn etwas den deutschen Arbeitgebern die natürliche Autorität verscherzt hat, dann ist es dieser verhängnisvolle Fehler gewesen, in dem das deutsche Unternehmertum dem Marxismus und der Klassensentimentalität ein unbewußtes Opfer gebracht hat. Dazu sind andere Weichmütigkeiten gekommen und ein weitgehender Moralismus, indem die Unternehmer selbst immer von ihren Pflichten gegen ihre Handkräfte sprachen, bis diese buchstäblich glaubten, der Unternehmungsertrag gehöre eigentlich den Handkräften und die Unternehmer wüßten recht gut, daß sie ihnen denselben nur widerrechtlich vorenthielten. Einzig eine berufsständische Eroberung der Lohnarbeiter durch Rückkehr zu rein geschäftsmäßigen Beziehungen zu ihr, welche frei sind von jedem Moralismus, durch Stärkung der dynameokratischen Unternehmerstellung, durch rücksichtsloses Niederschlagen jedes Klassenkampfversuches, und die Anpassung der Löhne an die Konjunktur kann hier helfen — und dazu ein umfassendes Erziehungssystem zur Kenntnis der wirtschaftlichen Tatsachen und zur Erwerbung wirtschaftlicher Einsicht.

Um diese wirtschaftliche Erziehung von Unternehmern, Angestellten und Lohnarbeitern ins Werk zu setzen, macht der Verfasser denselben Vorschlag, den er der Ausschußsitzung des Centralverbandes Deutscher Industrieller am 15. Oktober 1909 unterbreitete, die Schaffung eines ganzen wirtschaftlichen Bildungssystems mit einer einheitlichen Spitze, einer Akademie für Wirtschafts-, Gesellschafts- und Staatswissenschaften, welche der Gegenpol zu dem deutschen Kathedersozialismus werden und all die industriellen Geisteskräfte einschulen soll, welche den berufsständisch-politischen Kampf auf sich nehmen sollen. Die bereits vorhandenen Anstalten und Einrichtungen vergleichbarer Art werden einer genauen Würdigung unterzogen, insbesondere die Vereinigung für staatsbürgerliche Erziehung und die Lehrgänge für staatswissenschaftliche Fortbildung, und darauf wird ein überaus durchdachter Vorschlag aufgebaut, wie den besonderen Bedürfnissen des Gewerbe- und Handelsstandes genügt werden könnte. Es wäre wohl zu wünschen, daß sich Mittel finden ließen, einen Teil dieser Pläne zu verwirklichen.

Am Schlusse des Werkes stehen die „Grundzüge einer Berufsstandspolitik des Gewerbe- und Handelsstandes“, welche sich vor ähnlichen Kundgebungen durch große Klarheit auszeichnen. Sie sollen im folgenden ganz wiedergegeben werden.

Grundzüge einer Berufsstandspolitik des Gewerbe- und Handelsstandes.

1. Die Berufsstandsgemeinschaft ist nach der Familie die engste Interessengemeinschaft im Volke und muß darum im politischen Leben der Klassengemeinschaft, der Bekenntnisgemeinschaft, der politischen Anschauungsgemeinschaft und jeder anderen Gemeinschaft vorgehen.
2. Die Berufsstandsgemeinschaft des Gewerbe- und Handelsstandes umfaßt alle gewerblichen Unternehmer, Angestellten und Lohnarbeiter ohne Unterschied der politischen, religiösen, ge-

sellschaftlichen oder wirtschaftlichen Ueberzeugung, welche auf dem Boden des Wirtschaftsfriedens und nicht auf dem Boden des Klassenkampfes stehen und die Berufsstandsgemeinschaft über die Klassengemeinschaft stellen.

3. Die Berufsstandsgemeinschaft des deutschen Gewerbe- und Handelsstandes findet auf dem Gebiete der Politik ihren Ausdruck in der politischen Vereinigung dieses Berufsstandes. Dieselbe ist kein parteipolitisches Gebilde, welches nur Wähler einer bestimmten Parteiüberzeugung in sich schließt, sondern wird durch gemeinsame Interessen und Bedürfnisse, nicht durch gemeinsame Ueberzeugungen zusammengehalten. Sie sucht den berufsständisch-politischen Organisationen des landwirtschaftlichen Berufsstandes und des Beamtenberufsstandes eine machtvolle gleichartige Organisation des Gewerbe- und Handelsstandes gegenüberzustellen.

4. Das Ziel der Berufsstandspolitik des Gewerbe- und Handelsstandes ist die Durchdringung des gesamten Standes vom ersten Großindustriellen und Großkaufmann bis zum letzten Handarbeiter mit dem Gefühle der Berufsstandsgemeinschaft, die politische Einigung dieses Standes auf dieser Grundlage und das politische Zurgeltungbringen des Gewerbe- und Handelsstandes in den gesetzgebenden Körperschaften, der Gesetzgebung und Verwaltung des Reiches, der Einzelstaaten, der Staatsteile und der Gemeinden.

5. Sie sucht dieses Ziel vornehmlich mit folgenden Mitteln zu erreichen:

a) Sie nimmt, da die zurzeit von Staats wegen vorhandenen wirtschaftlichen Bildungsmittel für die gegenwärtigen Zeitbedürfnisse nicht entfernt ausreichen, die Verbreitung von Kenntnissen der Wirtschaftslehre, der Gesellschaftslehre und der Staatslehre in den Kreisen des Gewerbe- und Handelsstandes in die Hand.

b) Sie organisiert die Vertretung der berufsständisch-politischen Interessen des Gewerbe- und Handelsstandes in der Presse, und zwar in der bestehenden Presse soweit, als diese sich der berufsständisch-politischen Bewegung des Gewerbe- und Handelsstandes annimmt, und in eigenen öffentlichen Zeitungen und außeröffentlichen Zeitungskorrespondenzen soweit, als sie dies für erforderlich erachtet.

c) Sie sucht die Angehörigen des Gewerbe- und Handelsstandes unter die berufsstandspolitische Fahne zu sammeln, mit den berufsstandspolitischen Zielen und der berufsstandspolitischen Arbeit vertraut zu machen, geeignete Männer zu Abgeordnetenstellen auszuwählen und bei den Wahlen die Mehrheit der Stimmen auf sie zu vereinigen.

d) Sie unterstützt bei allen Wahlen die Aufstellung und Förderung von Berufsstandsgenossen, welche die Gewähr dafür bieten, daß sie in ihrer Vertretertätigkeit die Interessen des Volkes und der gesamten Ertragswirtschaft wahrnehmen. Sie bekämpft jede Kandidatur von Angehörigen anderer Berufsstände, welche auf eine weitere Beschränkung, Belastung und Entrechtung des Gewerbe- und Handelsstandes ausgehen, bis eine der Bedeutung des Gewerbe- und Handelsstandes entsprechende Vertretung dieses Berufsstandes durch Berufsstandsgenossen in den gesetzgebenden Körperschaften erreicht ist.

6. Der Gewerbe- und Handelsstand steht grundsätzlich auf dem Standpunkte, daß die nationale Stärkung das Ziel und die Förderung der Lebensinteressen der gesamten Ertragswirtschaft der Inhalt der inneren Staatspolitik sein müssen. Von diesem Standpunkte aus bekämpft er grundsätzlich jeden widernationalen Gedanken und jede Bevorzugung des landwirtschaftlichen und des beamtlichen Berufsstandes in Volksvertretung, Gesetzgebung und Verwaltung sowie jede Form der Klassenpolitik, welche eine Klasse auf Kosten einer anderen benachteiligt oder bereichert.

7. Der Gewerbe- und Handelsstand steht grundsätzlich auf dem Boden der liberalen Gesellschaftsordnung mit ihrer Freizügigkeit, Gewerbefreiheit, Freiheit der Berufswahl, Freiheit des Vertragsabschlusses und ihrer Selbstverantwortlichkeit des einzelnen für sich und die Seinen und erkennt außer der persönlichen Leistung in der Erwerbstätigkeit und der freien Eigentumsübertragung nur die Gesetzgebung als Mittel zur Regelung der wirtschaftlichen und gesellschaftlichen Verhältnisse des Volkes an. Er verwirft daher den Klassenkampf als Mittel zur Regelung von Wirtschaftsverhältnissen, da derselbe nur den Versuch der Erpressung widerrechtlicher Vorteile bedeutet.

8. An die praktische Politik stellt der Gewerbe- und Handelsstand folgende Forderungen.

A. Staatsleben.

a) Verteilung der Rechte, und insbesondere des Wahlrechtes im Staate, nach Maßgabe der Pflichten, welche der einzelne gegen den Staat erfüllt, und nach dem Maße der wirtschaftlichen Verantwortlichkeit, das er trägt. Steuerwahlrecht im Erwerbssteuerstaate und Mehrstimmenwahlrecht im Verbrauchssteuerstaate;

b) Keine Gewährung von Sondervorteilen oder Vorrechten an einzelne Berufsstände oder Klassen, soweit sie nicht etwa mit Rücksicht auf die nationale Größe geboten erscheinen;

c) Beschränkung der Staatsbetriebe auf das Verkehrswesen und die Beseitigung aller Staatsbetriebe der Warenerzeugung und des Handels;

d) keine staatlichen Monopole außerhalb des Verkehrs;

e) Beschränkung der Gemeindebetriebe auf das unumgänglich notwendige Maß;

f) Beschränkung des Beamtenheeres in Staat und Gemeinde;

g) keine Ausdehnung der Funktionen des Staates auf neue Gebiete des Wirtschafts- und Gesellschaftslebens sowie der Verwaltung;

h) größere Selbständigkeit und Unabhängigkeit der gemeindlichen Selbstverwaltung;

i) Vereinfachung des Verwaltungs- und Schreibwerks in der Reichs-, Staats- und Gemeindeverwaltung und wirtschaftspraktische Ausbildung der Gerichts- und Verwaltungsbeamten;

k) Uebertragung des in der Ertragswirtschaft maßgebenden Grundsatzes, daß alle Stellen nach persönlicher Tüchtigkeit und Eignung der Bewerber vergeben werden, auf die Staatsverwaltung;

l) umfassendere Beteiligung der kaufmännisch, gewerblich und technisch gebildeten Kreise an der Staatsverwaltung und Rechtsprechung;

m) Einführung der Bezahlung ihrer Stellvertretung der zu Volksvertretern gewählten Beamten durch diese selbst.

B. Steuerpolitik.

a) Deckung möglichst aller Staatsausgaben durch Staatseinnahmen, unter Verzicht auf möglichst jede Borgwirtschaft, und möglichst baldige Tilgung der bereits aufgelaufenen Staatsschulden;

b) reinliche Scheidung zwischen den Finanzen des Reiches und der Einzelstaaten in der Weise, daß im Reiche eine möglichst allgemeine Verbrauchsbesteuerung und in den Einzelstaaten eine ausgebildete Erwerbsbesteuerung herrscht, Abschaffung der Matrikularbeiträge;

c) Verteilung der Staatslasten auf sämtliche Berufsstände und auf die einzelnen Mitglieder derselben im Reiche nach Maßgabe ihres Verbrauches, in den Einzelstaaten und in den Gemeinden nach Maßgabe ihres Einkommens;

d) Beseitigung aller Verkehrssteuern;

e) Aufhebung der Gemeindesteuervorrechte des Reiches, der Einzelstaaten und des Beamtenstandes, wo solche bestehen;

f) Aufhebung der Ausnahmebesteuerung auf einzelne Formen der Ertragswirtschaft.

C. Gewerbepolitik.

a) Freie Bewegung und Tätigkeit von Gewerbe, Handel und Industrie und Unterlassung von unnötigen Gesetzen, Verordnungen, Verfügungen und Eingriffen von Staats- und Verwaltungsbehörden;

b) Berücksichtigung der Bedürfnisse der gewerblichen Ertragswirtschaft auf dem Gebiete der Genehmigung gewerblicher Anlagen und der Wassergesetzgebung;

c) Freiheit der Arbeitsbetätigung, des Arbeitsvertrages, des Arbeitstages und der Arbeitszeit für erwachsene Männer, Ablehnung aller Formen von Klassenabkommen;

d) Erweiterung der Unternehmerbefugnis, Vertragsstrafen für Vertragsbruch von Lohnarbeitern auszubedingen.

D. Handelspolitik.

a) Eine Zollgesetzgebung, welche den natürlichen Boden- und Rohstofflagerungsverhältnissen Deutschlands, den Bedürfnissen der nationalen Ertragswirtschaft, den Lasten der deutschen Klassengesetzgebung und der Art der Zollgesetzgebung des Auslandes entspricht;

b) Handelsverträge, welche auf einer sorgfältigen Abwägung der Einfuhr-, Ausfuhr- und Binnenlandsinteressen des Deutschen Reiches beruhen;
c) Hebung des Binnenmarktes für alle inländischen Erzeugnisse;
d) Förderung der Ausfuhr der Erzeugnisse der heimischen Ertragswirtschaft.

E. Verkehrspolitik.

a) Verbesserung und Erweiterung der bestehenden Verkehrswege zu Wasser und zu Lande;
b) Ermäßigung der Eisenbahntarife, insbesondere zur Verbilligung von Rohstoffen und Betriebsmitteln;
c) Ermäßigung der Post- und Telegraphengebühren im Inland und Weltverkehr.

F. Gesellschaftspolitik.

a) Grundsätzliche Erhaltung der natürlichen Autorität des Unternehmers und des Angestellten im ertragswirtschaftlichen Betriebe und Beseitigung der paritätsmoralistischen Einrichtungen, welche derselben widerstreiten;
b) grundsätzliche Erhaltung der Selbstverantwortlichkeit aller wirtschaftsfähigen Volksglieder für ihr eigenes Lebensschicksal und für die Versorgung ihrer Hinterbliebenen;
c) Beschränkung der staatlichen Klassenversicherung auf die am wenigsten wirtschaftsfähigen Volksschichten und auf dasjenige Maß, welches die Volkskraft stählt und mehrt und mit den Interessen der Ertragswirtschaft vereinbar ist. Ausschluß aller Einrichtungen, welche das Selbstverantwortlichkeitsgefühl aufheben und lediglich dem Behagen dienen;
d) Bestrafung des Klassenkampfes wie der anderen Formen der Erpressung;
e) Herabsetzung der gesetzlichen Pfändungsgrenze;
f) Abschaffung der Pfändungsvorrechte der Beamten.

G. Bildungspolitik.

a) Einführung des Wirtschaftsunterrichts in der Volksschule;
b) Ausbildung und stärkere staatliche Unterstützung des gewerblichen Fortbildungsschulwesens;

c) Förderung der praktischen Ausbildung des heranwachsenden Geschlechts;

d) Einführung der Wirtschaftslehre an den höheren Lehranstalten;

e) Verbesserung des wirtschaftlichen Unterrichts an den Hochschulen, insbesondere durch Beseitigung der moralistischen Wirtschafts- und Gesellschaftsbetrachtung.

In Tilles Berufsstandspolitik handelt es sich nicht um eine flüchtige Arbeit für den Tag, sondern um ein weitangelegtes und wohldurchdachtes Geisteswerk, das seine Spuren in der Wirtschafts- und Gesellschaftspolitik des Deutschen Reiches hinterlassen dürfte. Es wird für absehbare Zeit das wichtigste allgemeine Bildungsmittel auf dem wirtschaftlichen und politischen Gebiete sein, welches dem deutschen Industriellen zur Verfügung steht, und es wird das Wirken des ertragswirtschaftlichen Unternehmertums und Geistes hoffentlich auch in Kreisen zu Ehren bringen, welche demselben bisher ihre Anerkennung versagt haben. Es ist wie kein vorhandenes Buch geeignet, die Bedeutung der Unternehmung und des Unternehmers zu veranschaulichen und die Verirrungen des Denkens zu beleuchten, welche sich im letzten Jahrhundert an die gewerbliche Ertragswirtschaft gewagt haben, sowie ihnen einen Damm vorzuziehen. Es kann daher, wenn es nur in genügend weite Kreise getragen wird, auch kaum ohne Rückwirkung auf die deutsche Gesetzgebung bleiben. Manchen Gedanken, den unsere Parlamente bisher aus reiner Sentimentalität und aus dem Wunsche heraus, damit Stimmen zu fangen, weiterbildeten, werden sich manche Männer scheuen, weiterzuverfolgen, nachdem seine Herkunft und seine Ziele in dieser Weise an den Pranger gestellt worden sind. Die deutsche Industrie hat selten Gelegenheit, für ein Geisteswerk in ihrem eigenen Interesse einzutreten. Hier ist eine solche einmal geboten. Sie kann dem Verfasser nicht besser ihren Dank abstatten, als wenn sie es auf sich nimmt, für die weiteste Verbreitung seines Werkes in ihren eigenen Kreisen und in denjenigen Kreisen zu sorgen, welchen sie die neuen Erkenntnisse am sehnlichsten wünscht.

Deutsches Musterlager in New York.

Wir machen auf den mit diesem Heft zur Versendung gelangenden Prospekt des vom 6. Mai bis 6. August 1911 in New York zu veranstaltenden deutschen Exportmusterlagers aufmerksam. Das Unternehmen wird vom deutschen Generalkonsulat in New York als zur Förderung des deutschen Absatzes auf dem amerikanischen Markt für geeignet erklärt. Unsere geehrten Mitglieder, welche ein Interesse an der Sache haben, wollen die näheren Bedingungen für eine Beteiligung an der Veranstaltung aus der Beilage entnehmen. In Rücksicht auf die verhältnismäßig kurze Vorbereitungszeit ist um tunlichst frühzeitige Anmeldung gebeten worden.

Druck: Deutscher Verlag (G. m. b. H.), Berlin SW 48.

FSC
www.fsc.org
MIX
Papier | Fördert gute Waldnutzung
FSC® C083411

Kolibri 360 GmbH
Ferdinand-Jühlke-Straße 7
99095 Erfurt, Deutschland
produktsicherheit@kolibri360.de